普通高等教育“十四五”规划教材

船舶造型设计与人机工程

Ship Styling Design and Ergonomics

金　雁　常海超　主编

武汉理工大学出版社
·武　汉·

内 容 简 介

本书主要探讨船舶造型设计的一般规律和原则，通过介绍美学基本原理和色彩基本理论，结合优秀船舶外观造型实例，阐述了美学原理在船舶外观造型中的应用。现代船舶讲求实用、舒适、美观，因此，船舶造型设计中的人机关系研究必不可少。本书通过介绍人机工程在船舶设计中相关环节的应用，为船舶设计从业人员在船舶设计中关注人机关系提供参考。同时，随着现代化设计手段的广泛应用，三维建模设计已渗透到船舶设计的各个环节，本书最后对船舶造型设计的三维设计方法进行了简单的阐述，并提供了三维设计实例。

本书可供普通高等院校船舶工程专业的师生及有关设计人员参考使用。

图书在版编目(CIP)数据

船舶造型设计与人机工程 / 金雁，常海超主编. -- 武汉 ：武汉理工大学出版社，2025. 5.
ISBN 978-7-5629-7374-4

Ⅰ. U662

中国国家版本馆 CIP 数据核字第 2025GW6446 号

船舶造型设计与人机工程(**武汉理工大学本科教材建设专项基金项目**)
Chuanbo Zaoxing Sheji yu Renji Gongcheng

项目负责人：王利永(027-87560508)
责 任 编 辑：黄玲玲
责 任 校 对：张明华
版 式 设 计：正风图文
出 版 发 行：武汉理工大学出版社
地　　　址：武汉市洪山区珞狮路 122 号
邮　　　编：430070
网　　　址：http://www.wutp.com.cn
经　　　销：各地新华书店
印　　　刷：武汉市籍缘印刷厂
开　　　本：787mm×1092mm　1/16
印　　　张：7.5
字　　　数：192 千字
版　　　次：2025 年 5 月第 1 版
印　　　次：2025 年 5 月第 1 次印刷
定　　　价：25.00 元

凡购本书，如有缺页、倒页、脱页等印装质量问题，请向出版社发行部调换。
本社购书热线电话:027-87391631　87523148　87165708(传真)

前　言

本书是探讨船舶造型设计一般规律和原则的实用型参考用书。本书阐述了将美学的基本概念应用到船舶造型设计之中，将人机关系的思考融入船舶设计中的相关理论和方法，为船舶设计从业人员设计实用、舒适、美观的船舶产品提供参考，同时对提高船舶设计从业人员的美学素养和审美水平有一定帮助。

编者编写此书立足于以下几点：

1. 本书主要介绍船舶造型设计的基本理论和基本方法，使读者了解和初步掌握船舶美学的有关知识，开拓船舶设计从业人员的视野。

2. 本书除可供教学和设计参考使用之外，力求使读者提高美学素养，且重视工业产品设计中美学价值的体现。

3. 船舶造型属于技术美学范畴，最终必须落实到产品设计中，因此，考虑人机关系，设计符合人体工学的产品，并擅长使用现代化三维建模设计手段至关重要。

4. 本书在论述理论和原理的基础上，突出实用性特点，阐述并归纳了一些船舶造型设计思路和方法，以供读者参考。

本书在参考龚昌奇、傅德生编著的教材《船舶造型》基础上，加入了船舶人机工程、船舶三维建模原理及方法等内容，重新编写而成，本书的第1～4章由金雁编写，第5、6章由常海超编写。

由于作者水平有限，书中难免存在不当之处，恳请读者批评指正。

作　者

2025年3月

目　　录

1 总　　述

1.1 船舶造型艺术特征与历史沿革

船舶是人类在水上活动的必要工具。历经数千年沿革，船舶的类型、吨位、性能和结构形式都发生了很大变化。进入现代社会，为适应世界经济发展和船舶市场的变化，人们对船舶设计的要求更高，尤其是更追求船舶外观造型的美学价值。船舶设计不再只是由工程师这一群体所从事的纯技术性、产品性活动，而是依靠现代设计师来承担的包含技术设计、工艺设计、造型设计和经济性研究的一门综合学科。随着现代科学技术的不断发展，人们希望改善物质生活条件和精神生活条件，要求工业产品不只在技术上，在体量造型、轮廓线型、空间组织、装饰材料、色彩运用、使用的舒适性以及审美观念上也要有更大进步。这也是人类向文明的更高层次发展的必然趋势。

1.1.1 影响船舶造型设计的因素

1.1.1.1 造型设计的内涵及种类

船舶造型设计是工业造型设计的一个组成部分。所谓工业造型设计是指产品设计的构思和绘制草图。实际设计中，考虑产品的用途、结构与功能要求、加工工艺和技术条件，采用习惯与时髦相协调的式样，简捷、明快的外形和色彩，并用直观的方式(如草图、模型)将设计和计划具体表现出来的这一过程即为工业设计。简单地说，现代工业造型设计是指用现代造型精神、审美观点实现设计的过程。工业设计的领域主要包括：①建筑造型设计，包括建筑内部装潢乃至家具与环境的设计；②产品造型设计，主要指机械生产的产品，如车辆、机械和船舶等；③以宣传为目的的广告设计(平面设计)，还有工艺品和服饰的造型设计。

1.1.1.2 影响船舶造型的主要因素

船舶是水上运动的特殊建筑，同时也是机械加工的工业产品，所以，船舶与陆地建筑相比，有其独特的艺术和技术特征。它不同于陆地建筑也不同于机电产品，除了它的流动性和视觉环境的特定性之外，其形态、体量、材质和技术规范等方面也与其他设计产品有很大的区别。从造型角度出发，船舶设计主要受到下面几方面因素影响：

① 造型空间的局限性。与陆地建筑相比，船舶的造型空间即进行设计的实体空间，因船舶技术性能的诸多要求而受到一定限制。因此，即使不考虑经济性，造型设计艺术表现的随意性和手法运用的灵活性也会受到一定影响。

② 造型必须与船舶的功能和运动形式相协调。在保证功能的前提下进行设计，运用造型设计反过来促进功能。

③ 美学造型必须遵守严格的技术规范和技术标准，在某种既定的框架内表现设计构思。随着时代的发展，规范也势必朝着使船舶更优良、更美观、人机关系更协调的方向发展。

④ 船舶的全方位、多视角特征。陆地建筑和机电产品多数都有某一主要观察面，而另一面或几面则背向观察视线，它们的造型有时甚至变为平面造型；而船舶则是运动形式的造型对象。美学造型应考虑侧面、正视、后视、鸟瞰乃至仰视等多角度，远近、上下、内外等全方位立体的形态美。这既是它设计的困难之处，也是它设计表现灵活多样的优越之处。

⑤ 造型材质的特殊性。船舶造型尤其是外观造型，主要是对钢材表面的形态和结构的艺术设计处理。这种主要造型材质的单一性，要求设计师不但要掌握材料的理化性能，而且具有更强的表现技能和方法。

1.1.2 船舶造型设计的主要特征

1.1.2.1 实用性

制造船舶是为了交通运输、工程作业和战斗保卫。造型设计的着眼点首先应保证功能良好、操纵方便、维修方便和高效安全，保障人的身心健康，同时给人以精神上的愉悦，保持人与机械的协调，人与自然的紧密接触，即美的感受。涉及安全性问题，技术设计较多的是从稳定性、抗沉性、防火等技术性能方面加以考虑，而造型设计则是考虑船舶操纵工位的人机协调，色彩环境的美观调和，创造从人的心理和生理角度促进安全性的内部和外部环境。造型设计不仅要实施和运用规范，而且是涉及心理学、生理学、人机学等多学科的设计，是保证船舶功能与形式统一的有效方法。

1.1.2.2 技术经济性特征

船舶造型设计受材质和技术条件的影响很大。现代的钢质船舶和以前的木质船舶相比较，由于材料的革新发展，新技艺的完善，具有更优越、更灵活的造型条件和手段，能更加充分地表现造型对象的特点，能体现时代风貌，如舰船的威严、游船的豪华舒适和货船的坚实稳定。随着社会进步和生活水平的提高，尽管有些船舶的功能仍满足要求，但因为外形老旧而在设计领域遭淘汰。造型设计应充分考虑结构工艺、焊接方式等许多与技术相关又影响造型的因素，且符合先进的技术和生产水平。设计师可以根据船舶市场行情，世界经济的发展动向，将未来的设计和销售情况在有限时间内加以视觉化，提供给决策者，从而把握时机，从容安排后续设计与制造。

1.1.2.3 艺术性特征

船舶虽然不是艺术品，但是优秀的造型设计也能创造具有艺术美的形象。船舶在航行中具有随波而动的起伏韵律美，造型处理上应保持与这种运动状态的视觉一致性，使得航行于水天之间的船舶犹如融入大自然中的生命体，表现出一种动态平衡的艺术效果和与大自然浑然一体的协调性。同时，为船上的乘客创造一种动中有静、平稳安全的静态美感。这种动与静的协调是船舶与其他环境中造型对象相比所不同的特点之一。

艺术性的另一方面就是创造生动而又独特的典型船舶形象，既突出船舶的功能属性，又表现设计对象与众不同的特殊性。运用美学法则，可创造出具有本民族风格和现代精神的美的船舶，这需要大量的创造性的劳动。

从船舶发展的过程可以看出，不同地域，不同使用目的，不同民俗传统，不同技术水平，不同审美观念，形成各种各样不同的船型。概括起来可以说，决定船舶造型的主要因素是功能、技术与审美观。

1.1.3 船舶造型的历史沿革

属于实用美学范畴的船舶造型与历史发展、技术进步、社会变迁息息相关，在不同的时代有其各自的历史烙印，综合反映了当时科学技术、美学思想、人文伦理对船舶形态和风格的影响。船舶造型的演变和发展大致经历了下面几个时期：自然时期、钢铁时期、流线型时期、成熟时期。

1.1.3.1 自然时期(远古～19世纪中期)

远古时期，科学技术和生产力发展水平相对比较落后，船舶主要采用取之于自然的建造材料，凭借工匠的经验和技能完成船舶的设计、造型和制造。其结构简单实用，具有民族风格和宗教色彩。中国四川出土的战国时代“晏乐渔猎攻站纹”铜壶上绘的战船式样(图1-1)，以传说中的龙神构成船体，表现了华夏民族龙的精神。

图1-1　晏乐渔猎攻站纹

19世纪中期，近代帆船出现早期北派船、中世纪南派船、文艺复兴时期多帆船及巴洛克式船(图1-2)等有代表性的造型。这一时期，船舶上层建筑主要模仿陆地建筑式样，从仅用作遮风挡雨的棚盖向具有初步的造型意识过渡。这时期船舶的外表装饰总体风格特征是：取材于自然，模仿自然，原始实用。

图1-2　瑞典“瓦萨号”(巴洛克式)复原图

1.1.3.2 钢铁时期(两次世界大战前后)

钢铁时期,由于机械动力的出现,船舶驾驶室从尾部移至首部,开始有了新的船型。船舶内部逐渐改变过去古典雕刻和一般房屋建筑形式,新兴的简洁明朗的现代风格取代烦琐的装饰风格。另外,受战争影响,船舶外观造型呈静态趋势,着力表现力量感、威严感,钢铁身躯,直线条,铁灰色彩,显得笨重、呆板。实用至上的指导思想,使得船舶内部显得过分拥挤、杂乱;受蒸汽时代影响,特别强调烟囱、桅杆等高大直立建筑的造型,影响了船舶整体的速度和机动性。图 1-3 所示是英国的“无畏号”战列舰,其平直的舰首和粗大高耸的烟囱显得威严有余,但缺乏机动性。

图 1-3 英国的“无畏号”战列舰

1.1.3.3 流线型时期(20 世纪 60 年代以后)

20 世纪 60 年代以后,由于焊接技术的发展,取代了铆接工艺,使得船舶的结构更加符合力学原理。船舶造型已开始受到重视。这一时期船舶外观造型出现一些新的设计方法,首尾多以大圆弧曲线过渡,色彩的效果与作用还不突出,不太注意装饰,内部造型呈现豪华与简陋并存的情况,处于造型的过渡时期。图 1-4 所示为流线型时期海洋客货船的典型形态,其显得平淡、灰暗、缺少个性。

图 1-4 海洋客货船

1.1.3.4 成熟时期(20 世纪 70 年代以后)

20 世纪 70 年代以后,现代美学思想和造型理论影响并指导设计师注重船舶的美学造型。这个时期船舶外观形式多样,呈现简洁、明快和较强的动感(图 1-5),结构也更加优化,注重研究船舶与人之间的协调关系,并制定了一些有关人机关系的规范准则。由于新材料、新工艺的不断出现,设计师将艺术的抽象处理手法和丰富的色彩表现力应用于装饰和船舶造型上。

图 1-5 海上航行者号

1.1.4 现代主义设计与后现代主义设计

(1) 现代主义设计

20 世纪初,从俄国的构成主义设计运动到荷兰的“风格派”运动,这些艺术运动奠定了现代主义设计思想、内容和结构的基础。现代主义认为产品应使用其“自己”的属性来表达,所有产品外部形态的决定是来自于它自己的结构与内部的逻辑,因此称这种设计风格为“机械化时代的美学”。现代主义设计风格的特点有:

① 功能主义特征,强调功能性为其设计的中心与目的。

② 形式上提倡非装饰的简单几何造型,用单纯的几何形式来象征理性和效率。

③ 重视设计的费用和开支,把经济成本作为重要的因素考虑。

④ 专注于批量生产,忽略了大众消费的概念,不关心市场概念。

当代市场上有一些具有浓厚理性色彩的现代主义设计风格的工程船舶(图 1-6),以强调功能为设计的中心和目的,其有高度理性化的设计特点。

图 1-6 海洋石油 286 深水工程船

(2) 后现代主义设计

后现代主义思潮蓬勃发展于 20 世纪 50 年代,后现代主义设计风格强调设计的复杂性与矛盾性，反对单一与模式化，追求设计思想中的人情味，大胆运用装饰和色彩，提倡多样化与多元化。后现代主义设计总体上有以下特点：

① 注重自由化和人性化，秉承设计以人为本的原则，强调人在技术中的主导地位。

② 注重文化内涵，体现个性，主观经验在设计中占主导作用，突出设计的文化内涵。

③ 强调历史基因的延续性，并与现代技术结合，追求传统与现代、古典与时尚相融合的设计。

④ 矛盾性、复杂性和多元化的统一，以矛盾性、复杂性代替了现代主义设计的单一性，在艺术风格上主张多元化的统一。

具有浓厚感性色彩的后现代主义设计风格的游艇（图 1-7）在欧美地区广泛流行并得到应用。后现代主义是设计发展的必然趋势，也是人类思想进步的表现，其追求感性、融合的设计理念，缓解了人们对现代主义美学的审美疲劳。

图 1-7 超级游艇“A”号

随着时代的发展，设计观念的更新，全方位的船舶造型设计在保证船舶功能和实用性及舒适性的前提下，风格更加多样化，更加注重造型的艺术效果，注重增强船舶人机关系的协调性，注重自我感性的表达，这些变化使未来的船舶更安全、更舒适、更美观，在市场中自然也更具有竞争力。

1.2 船舶造型设计的目的、内容、原则和过程

船舶造型设计是对当前或未来设计的船舶所进行的满足功能要求的美学构思和设想，是设计师的智力活动，是通过文字、图样、模型或者综合表达方式，使所设计的船舶在外观形态、内部空间、装饰美化和人机关系等方面更加适应船舶性能特点，更符合人类心理和生理需求而进行的构思过程。它涉及船舶工程、造船工艺、社会学、经济学、心理学、生理学、美学和人机工程学等多门学科。

1.2.1 造型设计的目的

1.2.1.1 造型设计能全面提高船舶的外观质量和内在质量

船舶工业经历数百年的发展和革新，各种类型的船舶无论是结构、形态还是建造风格都已基本定型，从技术入手提高船舶质量和竞争力所需的人力物力投入都是巨大的，每取得一

定成就都要经过艰辛的劳动。而造型设计是全方位的，除了明显提高外观质量外，还能够提高内在质量，与技术改进相比较，其经济性是显而易见的。

1.2.1.2 造型设计能有效地改进人机关系，提高安全性

船舶的人机关系在现行的规范中已有考虑，但主要从技术上和物质方面加以要求，相对而言，人机关系的另一个主要方面即人的影响因素还不可能全面考虑。经验和教训表明，不良的造型，包括不良的环境设计、不合理的色彩配置、缺乏逻辑的显示控制和操作系统给人的心理和生理造成的影响，往往导致生产率降低和安全保障失效。而造型设计的主要任务之一，就是协调人机关系，即调节人的心理变化，缓解人的工作情绪，提高人的工作效率，保证人机系统的合理运转。

1.2.1.3 优秀的造型设计方案有利于抢占市场，扩大企业影响

船舶造型设计是以船舶建筑造型、环境艺术造型和人机关系为研究对象的。它将科学性、艺术美、经济性统一于船舶这一特定的对象中，在设计构思、方案确定和设计意图表达等方面具有一定的超前性和广泛的适应性，具有参与市场竞争的优势。优秀的造型设计方案能够树立设计形象和刺激消费者的求购欲望，达到在众多竞争对手中脱颖而出的效果，为后续经济和技术谈判打下基础。

1.2.2 造型设计的主要内容

船舶造型设计是一种综合性、创造性的劳动，涉及内容很广，主要包括下面几个方面：

(1) 船舶的外观造型设计

船舶的外观造型设计是体现船舶特点的总体设计，与船舶的技术设计密切相关，必须在满足功能要求和技术性能指标的前提下进行，是创造美的视觉形象的设计，主要包括船体的形态及构成形式、比例的确定与协调、色彩的分割与配置，舱面主要构件与设备(桅、烟囱、起重柱等)的形态、色彩和位置。外观造型要求整体统一协调，风格完整突出，色彩调和美观，满足变化之中有统一、统一之中有变化的美学法则。

(2) 交通路线与舱室的规划和布置

交通路线与舱室的规划和布置影响船上人员的合理流动，影响生活与工作的规律性、逻辑性、合理性，同时也影响空间的合理利用和生活的方便舒适。

(3) 舱室内部空间与环境设计

舱室内部空间与环境设计是一项综合性的设计工程，是船舶造型设计中最丰富、最灵活、最能发挥人的创造性的内容，是所有设计中直接与人相关的部分。它包含舱室内部空间的分割、视觉环境的再创造，室内各种家具和设备的布置，内部声光环境和色彩环境的创造和协调，各种工作舱室、交通路线的人机问题处理，以及各种场所的装饰和艺术处理等。舱室内部环境的好坏直接影响人的心理及生理变化，是评价船舶内在质量的主要指标。

1.2.3 造型设计的一般原则

船舶造型因船舶种类不同而不同，但总体上应遵循一些基本的共同原则：

(1) 具有船舶个性风格

根据船舶的航区、类型、视觉对象的不同,带给人的心理感受不尽相同,因而应该具有不同于其他船舶的个性风格和时代风格,以实现与环境、民族习惯和时代背景的融合、协调。

(2) 造型必须满足功能要求

船舶外观造型必须从船舶功能的合理性出发,考虑船舶材料施工工艺特点、航速快慢、吨位大小等条件,以及结构合理性、使用安全性和方便性等要求,进行创新。不考虑功能要求的船舶造型是失败的造型形式,是没有生命力的。

(3) 造型必须遵循一定的美学规律

船舶造型应讲求轮廓鲜明、完整,总体布局均衡,重点突出。各个局部服从于整体,变化之中有统一。利用形态、色彩、质地等各种造型要素进行协调的组合和创造,突出速度感、稳定性、舒适性,以产生与功能相统一的美的形式。

1.2.4 设计过程

1.2.4.1 造型设计准备阶段

造型设计准备阶段与船舶的初步设计过程是同步进行的,其内容包括:①对任务书的分析。目的是确定符合任务书要求的船舶形态、色彩、材质,以实现功能与形式的统一。②市场调研。了解国内外船舶市场对同类船舶的造型要求,了解用户的评价意见,以实现造型设计的美学功能,提高产品的附加值。③了解与船舶造型设计相关的人机工程问题。全面掌握设计对象的情况,提高设计的针对性。

1.2.4.2 造型设计构思阶段

构思是指在设计船舶造型时形成的创造性想法。创造性思维是人类具有的最有效的生活手段。无数创造性的想法造就了今天的舒适生活。船舶设计过程中,造型构思必须建立在任务书要求的功能和目的的基础上,而未来船舶的造型则是由某些信息、某种趋势和潮流所激发的对未来船舶的想象。构思的产生甚至可能来源于工程技术以外的某些自然现象、美学意识或时代观念。构思阶段是比较抽象的思维阶段,有时甚至是不需要工程技术和经济要求作为根据。通过构思,可以产生通向最理想情况的方案。这一阶段,设计师的构想和风格可以充分地表现出来。当然,构思不是毫无科学依据的想入非非,可以参考下述具体方法进行:

(1) 知识的吸收

设计师需要将已有的构思,各种国内外最有造型参考意义(包括幻想)的船舶形态作为知识吸收而成为新方案的源泉。将典型船舶的形态、功能、材料、工艺方法和色彩等加以分类整理,作为资料保存,成为解决问题的有力工具。

(2) 绘制想象草图

想象草图不是一种正式的效果图,而是将设计师头脑里突然产生的想法形象直观地表现出来。这种想象受到现代科学、古代船舶风格、民族特征等各种因素影响。

(3) 消减法

消减法指从已有的船舶上除去某些形态,使之保持尽可能简朴的形态的方法。比如去掉烟囱将其与桅合成一个单元体,简化了形态,加强了整体感。反过来,也可以采用已有的优秀造型形态进行组合叠加，只是要注意整体的协调统一。

(4) 联想

联想是指从某种对象出发，将思路引向与船舶有关的想法。比如生活中见到铝的各种用途联想到用铝制造船舶。

(5) 类似

某种造型设计的目的即使与设计的船舶内容完全无关，但只要该设计的某点想法与船舶设计有类似之处，就可以将这种想法应用到船舶设计中作某种尝试。

(6) 观察

对现有的船舶进行观察、分析，以产生构思的飞跃。记录、整理各种船舶的优缺点，在设计对象中加以发扬光大或剔除、改良，以得到更理想的结果。

1.2.4.3 初步设计阶段

与造型设计准备阶段不同，初步设计阶段是最初的具体实践阶段。初步设计阶段要与技术设计(尤其是总布置设计)相互配合，考虑工程技术和经济基础，甚至生产过程和使用效果。初步设计阶段的具体工作有：完成各种调查报告，完成船舶造型的基本三视图、效果图或者模型制造等，造型必须与技术研究同时进行。初步设计阶段还要考虑以下问题：

① 船舶、设备与人的关系。这是造型设计必须考虑的最重要的问题之一。造型设计就是追求人机协调关系。由于人对物有不同的要求，所以看人机关系是否协调，有不同的衡量尺度。如果说协调的人机关系就是最大限度地满足人的生理和心理需求，那么目前国内设计的许多客货船都有待改善。

② 船舶内部物与物之间的关系。比如厨房内的各种建筑构件和设备(器具、清洗设备、电器设备等)如何进行摆放与布置，才能最有效发挥它们的作用，而又不妨碍其他工作。

③ 舱室内部物品与环境的关系。这些物品和设备的尺度、状态、位置既要满足使用功能需求，又要与环境协调。初步设计阶段的工作是具体的，与船舶结构、性能、技术条件等密切相关。

1.2.4.4 再设计阶段

再设计阶段是具体考虑生产和营运因素的阶段，是对前一阶段设计内容进行部分修改的设计阶段。再设计阶段从现行的经营方针、生产设备、材料管理、成本构成、设计方法等方面对造型对象进行研究和改进，使形式满足功能需求；与工艺设计过程相协调，考虑生产厂的经济条件、技术条件、经营政策；重视材料的适应性，如铝与钢铁比较，铝易于成型，质量轻，是造型的优选材料。表面处理是影响造型效果的重要因素，造型设计师除了利用优良的材料进行精加工外，还可以通过设计得到良好的表面质量。

船舶色彩不是单独存在的，它与船舶的类型、外部环境及视觉功能等因素有关。如不综合考虑，会造成色彩混乱，从而导致设计失败。

造型设计成本也要详细核算。按标准成本制造满足使用功能的船舶体现了企业对客户的责任心与追求利润能力的平衡。造型设计中，降低成本主要从改变成本的基准来实现。按低成本设计有最低限度的功能与使用效果的产品，或者按高成本设计高档产品，提出各种造型设计方案。

1.2.4.5 改进设计阶段

船舶的改进设计以提高经济性为目标而改进和完善造型方案。船舶造型形式在改进和变化的过程中，使人产生新鲜感；同时，对材料、形状、色彩进行再审查，以便调整设计。

上述五个阶段互相联系、互相影响，很难绝对分开。

设计过程流程图如图 1-8 所示。

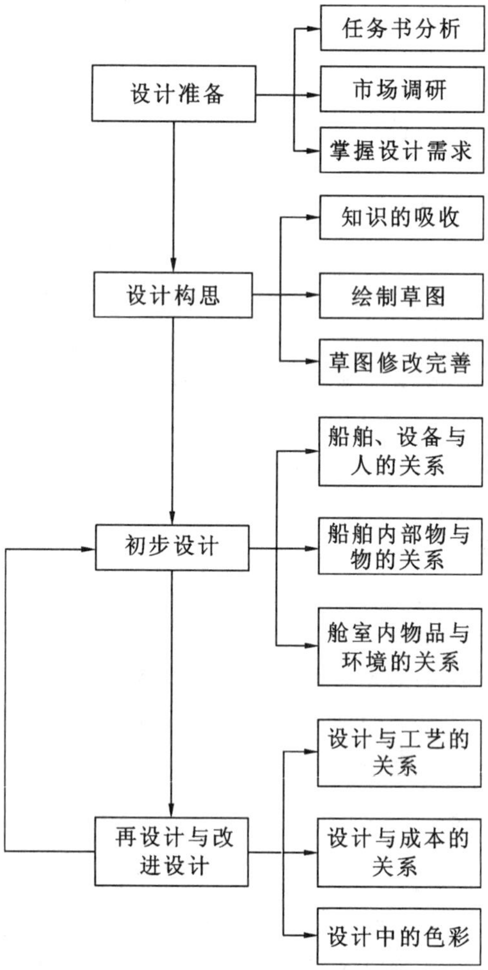

图 1-8 设计过程流程图

思 考 题

1. 船舶造型的意义有哪些？
2. 船舶造型发展历程是怎样的？你印象最深的船舶造型是哪个时期的，为什么？
3. 船舶造型设计的主要艺术特征有哪些？如何将这些艺术特征融入船舶造型设计之中？
4. 船舶造型设计风格与哪些因素有关？
5. 船舶造型设计的基本原则是什么？
6. 船舶造型设计的基本流程是怎样的？
7. 如何使用 AI 技术进行船舶造型设计？

2　船舶造型基本原理

2.1　船舶造型美

2.1.1　美与美学

人类对美的研究,即美学的发展,经历了数千年的历史进程,至今,对什么是美,尚无一个共同认可的客观定义,这恐怕是人类最有趣、历史最长的学术之争了。美学这一术语,是由德国哲学家鲍姆加登在1750年首次提出的。他在研究人类知识体系时发现,研究理性认识有逻辑学,意志研究有伦理学,而对感性认识却没有专门的学科研究,于是他建议创立"感觉学"即美学。美学的英文是aesthetics,这个词原本不存在,是鲍姆加登为了与原来拉丁词sensus相区别而从希腊文创造的,直译是"感性学"。因为感性可以分为外在的和内在的,前者作为一种自我感知产生于"我"的身体,而与所有的感官相关,后者则仅仅产生于"我"的心灵,它是内在的,是不明确的。鲍姆加登提出"感性学"不是经验的感觉或知觉,而是对这种经验的科学研究和理解。美学就是感性认识和感性表现的科学。

西方古典美学的开端是古希腊美学思想,其代表人物毕达哥拉斯提出"数的和谐"观点,毕达哥拉斯认为,灵魂是一种和谐。净化灵魂的手段是音乐和哲学,因为音乐是和谐的音调,音乐是对立因素的和谐统一。但不论是音乐的和谐,还是事物之间的和谐,都是一种数的规定性。一切事物就其整个本性来说,都是以数为范例的。毕达哥拉斯提出了最早美学的基本概念:净化、和谐、模仿等。

东方美学的倡导者当属崇尚天然美学的老子和庄子。老子思想中没有独立的美学体系,他的哲学和美学是完全融为一体的,或者说其审美观只是其哲学理论的延伸。从老子哲学可以推知老子的审美观,老子认为美本于道,以道为美。美是老子所追求的最高境界,并将之与作为最高实体的"道"有机地结合起来。庄子美学是一种以"道"为本的人格理想美学,是一种自然无为的飘逸出世的美学。庄子认为,美存在于天地之中,即存在于大自然之中。"天地有大美而不言,四时有明法而不议,万物有成理而不说。圣人者,原天地之美而达万物之理。是故至人无为,大圣不作,观于天地之谓也。"这种美与万物的自然本性相通,广而无边,深不可测,故称为"大美"。

什么是美,美的本质是什么?其实至今没有统一的认识。人们很容易对个别事物作审美判断,即什么是美的,如"那条船很美""这个房间布置得很美"等。而要在各种事物中找出美的普遍本质,或在比较中找出特殊本质,即说明什么是美却不容易。在美学发展史上,对什么是美主要有下面几种学说:

（1）美在客观说

这一学说认为美是客观存在的，事物的美在于它本身固有的客观属性。“美感完全建立在各部分之间神圣的比例关系上”（达·芬奇《绘画论》）。

（2）美在主观说

人的意识是美的源泉，“美只能是主观的”（康德语）。用这种观点来解释为什么不同的人对同一事物产生不同的审美反应。

（3）美在主客观统一说

美是客观方面的某些事物、性质和形态适合主观方面意识形态，可以交融在一起而成为一个完整形象的那种性质（朱光潜语）。它既不是主观的，又不是客观的，而是这两方面变化无常的关系（兰菲尔德语）。

（4）美在客观与社会的统一

真正的最高的美正是人在现实世界中所遇到的美（车尔尼雪夫斯基语）。美是社会实践的产物（李泽厚语）。

（5）美与美感是物与心的互相推进

从实践的观点出发，主体（人）与对象（物），也就是心与物互相推进，不可偏废。

建筑是人类自觉改造客观世界的直接成果，是重要的审美对象。从自然进化的过程可以看到，其他动物仅能按它们的物种尺度来塑造建筑，如穴、洞、巢等；而人类能够按照任何物种尺度进行生产，并随时用内在固有的尺度来衡量对象，进而按照美的规律来塑造建筑。船舶作为建筑的特殊形式，人类在创造它的过程中，运用了形式美的尺度，融进了自身的审美心理和情趣。从刳木为舟到建造现代豪华巨轮，船舶形式和风格的演变，反映了人类物质生活和精神生活的统一。人类在利用船舶进行运输的同时，对船舶的形式、装饰和造型倾注了大量的创造性的劳动。

船舶既是实用的产品，又是体现人类审美需求的精神产品。正是由于人类对船舶的实用功能和审美功能的双重需要，使得船舶造型在船舶设计与建造中有着不可替代的作用和地位。

船舶建筑是人类创造出的符合自己需要的一项成果。原始的舟筏形态并不包含追求形式美的意图，实用因素远大于美观因素。随着社会发展，物质生产与精神生产分工，在船舶的建造过程中，人们在非实用方面付出的劳动不断增多。如今船舶正在成为一种实用与审美相结合的建筑，兼具自然美、社会美和艺术美。这些属性通过船舶形态、船舶材料的合理运用、船舶比例关系、色彩装饰和与环境的协调性所表现出来。船舶是人类通过机械加工制造的产品，它自身具有运动学、力学和工艺学等方面的特点，是科学的产物。它的美与不美，人们自觉不自觉地依据某种标准进行着评价。由于人们的兴趣和标准不一，很难达到统一。因此，可以考虑从船舶的功能、材料、结构、工艺、经济性等方面，依据科学的、量化的标准进行综合评价。

2.1.2 船舶造型美的基本要素

船舶造型美通过功能、工艺结构、材质、色彩、舒适性等要素体现人们对船舶产品美感的追求。

2.1.2.1 功能美

随着社会的发展，人们对船舶有了新的需求，要求不断开发出新的船舶和提高船舶性能。因此，设计师应及时提供美的形态、美的色彩来进一步体现船舶的功能美。如果形态、色彩与船舶设计的功能不协调，将使游客或观者从心理上丧失愉快感甚至安全感，即船舶丧失了功能美。

2.1.2.2 工艺结构美

不同船舶具有不同的结构形式，造型效果各不相同。力学知识的应用在船舶形态结构设计方面发挥了重要作用。如结构有限元分析能将影响船舶造型的不受力或应力很小的构件适当减少，而不影响船舶局部强度和刚度。另外，数学放样、自动加工工艺以及机器人造船的采用，保证了船舶加工精度和线型的光顺和平整，有效地体现了工艺美。

2.1.2.3 材质美

材料工业的发展推动了科学技术的进步。新型建筑材料的品种很多，各种天然材料和人工合成材料的使用，使船舶的外观造型和内部环境有了很大的改进。例如，民用船上层建筑部分采用玻璃钢、铝合金、碳纤维等材料，能使船舶重量减少、稳定性增强。这些材料具有优良的表面理化性能，显得轻巧、悦目、别具个性。另外，各种高性能表面涂料、铸塑及喷涂工艺的应用，使得船体外观造型丰富、新颖、特别，充分表现了材质美、肌理美。

2.1.2.4 色彩美

色彩是给人印象最深的造型要素之一。色彩对人的生理和心理的影响有时甚至超过船舶形态。色彩造型体现了现代光学的研究成果和新型材料表面的美学效果，是造型设计中最生动、最丰富的要素。好的环境色彩不仅能充分体现船舶的功能、创造协调的人机关系、满足人们对色彩的需求，而且能提高船舶的商品价值和美学价值。

2.1.2.5 舒适美

舒适美即新颖的人机关系，是体现船舶建筑与人和谐关系的重要方面。现代船舶的自动化水平在不断提高，人机关系在某些场合变得更复杂也更密切。虽然船舶操纵、控制和通信变得简单方便，但是人的因素（即人们心理生理的美感需求、最佳工作状态的保持、劳动效率的提高和安全等问题）对人机关系的设计提出了更高的要求。处理好这一关系，人们将在一个有秩序、有节奏、舒适宜人的环境中生活和工作，生活更舒适，工作更有效。

船舶造型与时代特征紧密相关，不同时代有不同的船舶造型风格。现在，生活节奏在加快，新的消费观影响和改变着人们的思维方式和行为方式，使得各种工业产品（包括船舶的造型形态）都在趋向单纯、简洁、和谐。简洁、流畅的线条能很好地体现船舶的功能，体现速度感和运动特征，是现代人将复杂事物简单化、单纯化的形象表现，符合美学规律的船舶建筑充分体现了高度发达的科学技术与和谐美艺术的完美结合。

2.2 船舶造型形态

人主动或被动地受到外界信息的刺激,逐步积累了对形态的认识经验。人类对船舶的认识过程历经数千年,具有分析和认识这种水上运动物形态特征的能力与经验。但由于传统习俗不同和地域差异影响,人们对船舶形态的审美情趣认识不同。所以,船舶造型的目的之一就是将这些基本形态,即造型要素按一定的美学规律进行排列、组合,引起人们的注意,激发人们内心的审美情感,最终实现造型的功能目的和经济目的。

船舶造型过程就是从形态、色彩、质地等方面,利用造型要素,实现对自然形态的模仿,使人产生心理联想,从而达到表现船舶建筑美的目的。而反映船舶特征和结构模样与容貌的形态,通常是由若干设计要素按一定美学规律的设计来表现。所谓设计要素从几何上理解就是构成船舶几何形状的那些点、线、面。

2.2.1 点

数学上的点、线、面是一种人们理念上的纯粹抽象化了的形态,而作为造型形态的点,具有大小和位置。点的大小和界限取决于它的形状和点与周围环境的关系,如 1 mm 直径的圆与 1 cm 直径的圆同时具有点和面感。尤其在这个“点”的内部或四周产生变化时(图 2-1),这种面的感觉尤为突出,点究竟大到多少可产生面感,尚无法定量。

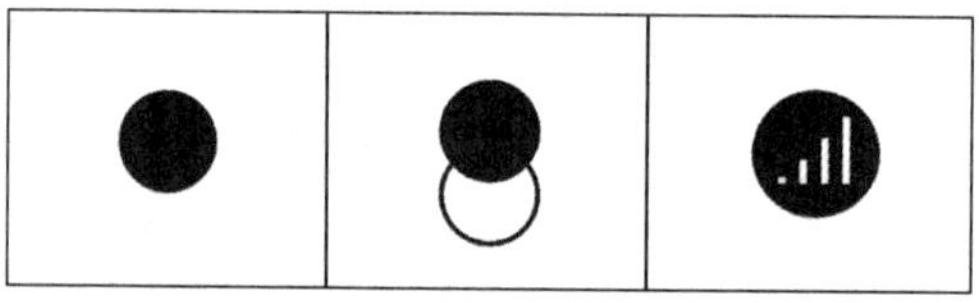

图 2-1　点的变化

图 2-2 中所表示的都是点,其各自形状不同,但给人的感觉却都是点。原因是它们与背景的面积、色彩相比较,“量”感很小,具有点的特征。例如舷窗、船名牌相对于船体,便具有点的感觉;舱室内的灯具、装饰艺术品的布置,也都应考虑点的视觉特征和表现作用。点的形态特征在造型中主要通过排列、组合或位置的变化,以及与背景色彩的对比来表现。

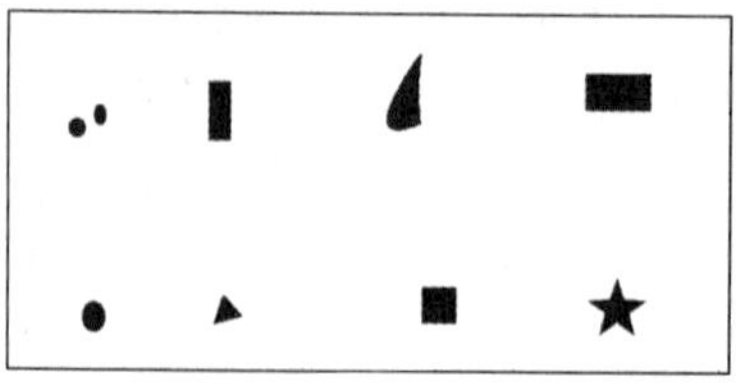

图 2-2　不同形状的点

点的形态特征主要有:

(1) 点在空间起着标明位置的作用

在一个平面或者空间内放置一个点,人的注意力将会被吸引过去,而构成视觉中心,从而提高这部分的视觉重点性。一个点在画面的不同位置将产生不同的平衡关系。图 2-3 显示了点的位置不同所产生的不同视觉效果。

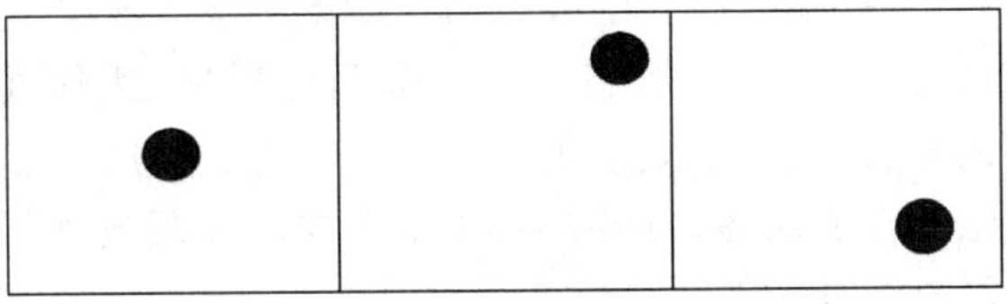

图 2-3　点的位置变化

（2）点的数量变化能产生增维作用

一定的空间里布置两个同样的点，视觉吸引力相同，注意力将在这两点之间往返，形成一种张力，一条无形的线。由于两点的大小、位置和远近不同，而产生一种动态的视觉平衡感。随着点的数量增多，会形成一种虚面。点的数量愈多，其周围的间隔愈加缩小，“面”的特征也就愈强，如图 2-4 所示。点通过分离、连接、重叠等构成方式，产生各种视觉特征的平面图形。

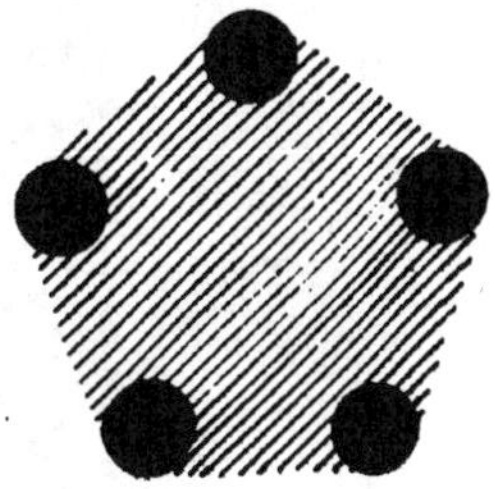

图 2-4　点的“面”感

2.2.2　线

环顾我们四周，能知觉到线的东西同点一样，随处存在于视觉之中。线是船舶造型设计中最活跃、最有生命力的要素。线可以看作由点的运动所形成的轨迹，所以，线的造型特征主要取决于点的运动形式和运动速度及线的长度。这些因素的不同，产生不同的线，如直线、折线和曲线。这些线赋予人心理上的各种感受，从而产生不同的造型效果。

2.2.2.1　线的种类

船舶造型常用直线和曲线，而曲线又可分为几何曲线、自由曲线、徒手曲线等。一般来说，直线具有简单、明了和直的感觉；曲线则有柔软、优雅的女性化感觉。几何曲线主要指圆、椭圆、抛物线等，它们也具有单纯、明快的感觉。自由曲线指那些用仪器作不出的曲线，它们更具有曲线的特征。而徒手曲线则具有不明确、无秩序的特点，但也更具有人情味，更富有创造性。

2.2.2.2　直线的性格

造型中的直线具有长度、宽度和曲直度，其中宽度和曲直度是主要的要素。例如粗线具有强有力的性格；而细线具有锐利、敏感和高速的感觉。改变这些要素，甚至能引起人们情感上的突然变化。直线除了情感上的性格外，还有远近、方向、空间感等性格特征。图 2-5 中，1 与 2 的长宽比基本相同，但除了扩大和缩小的视觉差别之外，空间经验感到 2 近 1 远；2 与 3 比较，3 有退远之感；4 的左端近，而右端有无限远之感；5 则中间近而两边远；6 与 5 则相反。直线有水平线、垂直线。船舶外观造型主要用水平线进行分割、构形，让人产生平静、稳定、水天与船体协调的感觉。垂直线看上去显得刚劲、挺拔、高昂，能引起心理的某种暗示。

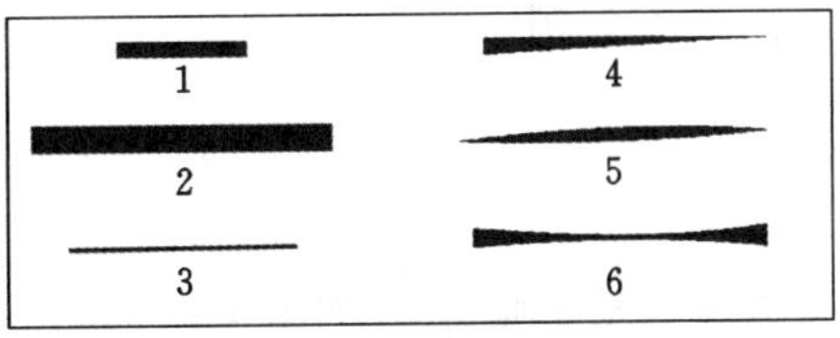

图 2-5　直线的变化

唐诗中有“大漠孤烟直，长河落日圆”的名句，借喻自然景物中具有垂直线特征的形象，表现出一种雄浑、广阔的意境，垂线向上的势态与广阔的大漠形成对比，营造出一种博大、催人奋进的气氛。其诗句妙在以单纯的形态给人以鲜明的形象，达到过目不忘的效果。如蒸汽机时代船舶(图 2-6)的船首、桅杆、烟囱的造型可用来显示其威严和刚强有力的气势。斜线造成不稳定、前进的感觉。船舶建筑造型中，常常在要求体现或加强速度感的部位如前倾式船首、舷侧造型采用斜直线处理等。

图 2-6　蒸汽机时代的船舶

2.2.2.3　曲线的特征

图 2-7　太极图

曲线有着亲切、优雅、流畅、活泼、轻快和柔软的特点。性格上稍近直线的几何曲线，能较好地体现空间感，具有理性的特征。独立的圆保持一种完整圆满的美，体现了几何形态的秩序感；自由曲线、徒手曲线属于抒情和感觉性的曲线。螺旋线具有一种自然美，体现了一种强烈的向心性或离心性的诱导力。许多为美学家所称道的线，大都隐含了一个“S”转折，称为 S 曲线。它之所以美就在于：S 为构成人体的基本曲线，与人的生理结构相一致；S 曲线蕴含着最简单的多样和统一，如中国道家的太极图(图 2-7)，构图利用 S 曲线表现螺旋式的对称与统一的形状、变化的方向与阴阳。

S 曲线造型能较好地运用于客船，尤其是旅游船的梯道、内部装饰、环境布置等场合。流线型是由流体力学中流线概念引申出来的近代设计语言，是高速度、大规模工业生产技术发展的结果，造型上主要指那些由曲线构成的美的形态。这种线型具有很强的动感，活泼、简练、明确，符合现代流体力学和人机工程学对设计的要求。

船舶造型中，线的利用主要应注意风格的形成、整体效果的加强、速度感的突出等问题。用线元素设计时，线条的运动应符合构图规律，表现某种意味，以无生命的线牵动人的感情。

2.2.3　面

2.2.3.1　分类

面可以是由轮廓线包围的实际面积，也可以是点、线积聚而形成的虚面积。面大致可以分为几何面和自由面两大类。几何面包含平面、几何曲面；自由面中有自由曲面、不规则曲面或偶然形式样，图 2-8 显示了平面和部分偶然形的式样。

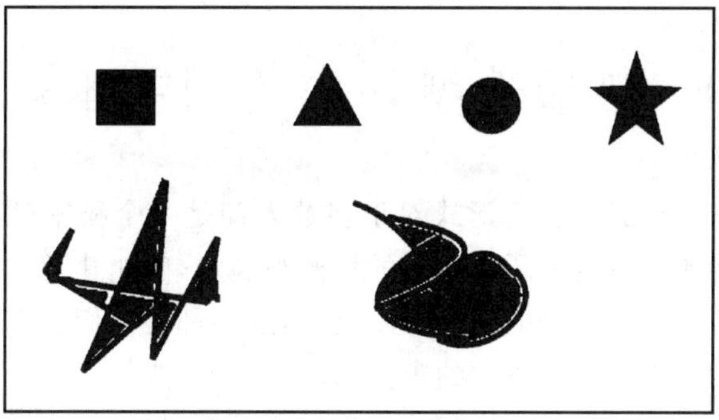

图 2-8 面的种类

2.2.3.2 面的特征

几何面由直线或几何曲线构成，形状整齐，具有简单、明确和秩序的美感，对视觉的刺激集中、信号感强。

几何面中有正方形、等边三角形和圆等 3 种基本图形。各图形的特性不同，造型效果迥异。正方形由横竖两种直线构成，它强调横竖两种直线的特性，这两个方向上都呈现安定、平稳和秩序感，象征静止、正直和庄严，但过分的工整也会产生呆滞的感觉。长方形作为正方形的变异，边长比例的改变能产生不同的视觉效果，是造型中应用最广泛的几何形。等边三角形及其变异的三角形，以斜线为主要轮廓，反映斜线的某些特征。由于角与形的变化显得活泼，底边水平放置唤起人们对山丘、金字塔的联想，是稳定和永恒的象征。倒放的三角形，有一种极不稳定感觉，常被用作一些预示危险的符号和标志。圆由一条连贯的循环曲线构成，象征完美与简洁，具有永恒的运动感、灵活的速度感和辗转的幻觉感。在圆之中作相应的图线分割，造成变化，产生动中有静、静中有动之感，如图 2-9 所示。

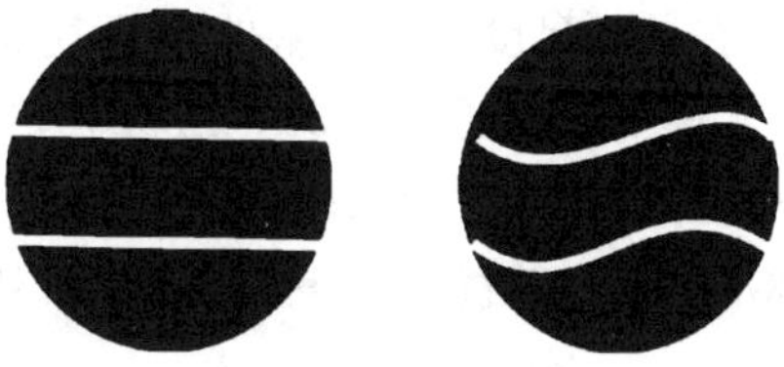

图 2-9 圆的分割

椭圆较圆明快，给人一种张弛缓急、变化而又统一的流动感。卵形被视为一种特殊的椭圆，其膨胀和收缩之势鲜明，是论证形式美典型的秀美图例。基本图形（即正方形、三角形和圆）有规律地变化，能达到各种预期的效果，往往在构图中取各自的长处，满足设计要求。船舶的一些平面设计，如家具与舱室的组合关系、室内装饰的分割与变化等，常常运用基本图形的几何构图。

自由面由不规则的非几何曲线构成，形状变化多样。处理得当，富有艺术感，潇洒、轻快；处理不当，就变成混乱和丑陋的形象。其中偶然形是一些难以预料的自由面。如墨迹渗开的形状，烟尘、雪花飘动的形状，玻璃的碎裂、彩釉的流动等，均不以人的意志为转移，具有超凡的魅力，显示出奇异的现象。自由面的特征，较多地用在一些抽象艺术作品和装饰图案中。

点、线、面仅仅是造型的最基本形态，除此之外，还有体、空间、肌理、色彩、大小、方向、位置和视觉重心等均可以作为造型要素加以设计处理。表现船舶建筑的美学特征时，只要满足一定的美学构成形式，通过基本要素的连接、过渡、重叠、交叉和分割等手法，就可以表现船舶外观的动与静、速度与平衡，及船舶内部的安静、活跃、舒适、自由、温情，并与大自然达到融洽协调。

2.3 船舶造型形式构图基本规律

素材是每个人都可以见到的，而形式对于多数人却是一个秘密（歌德语）。船舶造型形式构图规律有许多，船舶整体构成所应具有的均衡与稳定，船舶建筑和设备布置中运用的节奏和韵律，以及贯穿造型处理过程的统一与变化等，这些都是人们长期劳动实践和美学实践所提炼出的结晶，表达了人类潜意识中的审美情感。

形式美的基本规律建立在人类共有的生理和心理活动之上，具有广泛的实用性，超越了种族、阶级、地域、民族的界限。在具体运用中，由于造型要素的变化要求而呈现不同的变化形式，但它们体现美的一些基本规律是人们在设计实践中积累和总结出来的，具有一定普适性。

2.3.1 比例与尺度——数学形式的协调

造船业中，国内外制定了各种设计、制造和使用的标准，这些标准不仅使设计合理、制造简便经济、使用中有较大的互换性和灵活性，避免了不必要的浪费和损耗，而且使得船舶造型的美学功能也相应地提高。按标准生产的优良产品，可以达到最佳的使用效果，也十分美观。为使船舶舱室设计合理且美观，造船界制定了《国内航行海船法定检验技术规则》等标准，不但能满足各种功能要求和技术要求，而且还能满足美学要求。

模数是尺度协调的基础，是尺寸的增量单位。100 mm 是尺度协调的基本增量单位，即“基本模数”，它的 3 倍 300 mm 为“倍模数”，倍模数用来确定尺度较大的元件。基本模数的等分值 50 mm 称为“分模数”，用以确定增量较小的元件。基本模数、倍模数、分模数统称为“标准模数”，其优先顺序如表 2-1 所列。

表 2-1 “标准模数”的优先顺序 （单位：mm）

优先顺序	1	2	3
标准模数	300	100	50

针对空间尺寸，一般优选 300 mm 的倍数，甲板间高可取 2100 mm、2400 mm 等；而船用家具及设备的优选尺寸为 100 mm 的倍数；区域尺寸（如窗间围壁板条尺寸）取 50 mm 的整倍数。确定优选数是为了保证尺度协调，而保证尺度协调的目的：一是方便施工和组装，二是保证造型对象的比例与尺度的统一美。

为达到尺度协调，元件与组件和其分配的空间尺寸，应从规定的协调尺寸选取。协调尺寸由标准模数及其倍数导出，如表 2-2 所示。

表 2-2 协调尺寸 （单位：mm）

优先顺序	1	2	3
协调尺寸	300	100	50
			150

续表2-2

<table>
<tr><th>优先顺序</th><th>1</th><th>2</th><th>3</th></tr>
<tr><td rowspan="4">协调尺寸</td><td rowspan="3">300</td><td rowspan="2">200</td><td>250</td></tr>
<tr><td>350</td></tr>
<tr><td>400</td><td>450</td></tr>
<tr><td>600</td><td>500</td><td>550</td></tr>
</table>

根据功能要求，建筑、设备、家具等其尺寸的优先顺序为：$n\times300$ mm、$n\times100$ mm、$n\times50$ mm（n 为正整数），当一定数量的元件组合为组件时，组件的总体尺寸应为协调尺寸。

2.3.1.1　比例

比例是表示局部与局部之间、局部与整体之间大小及数量关系的术语。古代艺术大师们常常认为美是和一定的“数”有关联的。比例是构成各种节奏和韵律的基础，合理地确定统一的比例，能够形成协调的体系。良好的比例是体现形式美最基本也是最主要的手段。

什么样的比例是美的，人们有不同的认识和感受。几何分析学派认为，抽象的几何形态美与不美取决于外形的“肯定性”，即形状受一定几何关系的约束。这种约束愈严格，引起美感的可能性就愈大。例如，正方形、三角形和圆形都具有肯定的外形，容易引起视觉注意，具有形式美。

数学分析学派认为，比例可用几何分析学的数理逻辑来表现。当复杂的几何关系能归纳为某一数学关系的形态时，这种形态被认为是美的形态，例如，等边三角形、黄金分割比长方形等都具有此种特性。模数学派认为，比例是由一种或几种模数派生出来的。

用人的整体或局部的比例来确定造型物的比例，能够与人产生共鸣，产生美感。在工程和艺术中常用的比例形式有：黄金分割比、整数比、平方根比。

(1) 黄金分割比

从数学角度看，黄金分割比是一个完美的比例，它满足 $a/b=b/(a+b)$ 或 $a=0.618b$（a 和 b 为分割后的两部分长度）的关系式。黄金分割比体现了“变化与统一”的美学规律，也表现了不对称两部分之间的平衡，可以产生一种和谐、平衡和稳定的美感。

(2) 整数比

整数比的形式如 1∶2、2∶3、…。整数比图形以正方形为基础，给人以庄重之感。

(3) 平方根比

平方根比接近黄金分割比，所以采用平方根比构图有一定的美感。

除上面提到的比例外，还有等差数比、等比数比、相加级数比等，也是工程中常用到的比例。图 2-10 所示的是利用黄金分割比和平方根比进行矩形分割的方法与步骤。

船舶比例是表示船舶整体与局部、局部与局部之间的数学关系。在实际选取时，取决于船舶性能和其他功能要求，不可能有某种适用于一切船舶的通用比例。即使是同一条船，各部分尺寸也不可能先确定相同的比例关系，然后再进行建筑布局和结构处理。形式美要为功能服务，丧失了功能，形式也就失去了依托。

在条件允许时，船舶各部分比例应保持大致相同。例如，船舶纵向的比例关系，船首、船尾至桅杆，以及桅杆至烟囱之间的长度比例，尽可能统一。这样，船舶整个外形显得和谐一致，具有极强的整体感。船舶比例的选取需要全面考虑。比例与形状关系密切，同时受到船舶强度要求、布置要求的影响，因此，比例选取要通过反复规划、构思和比较。

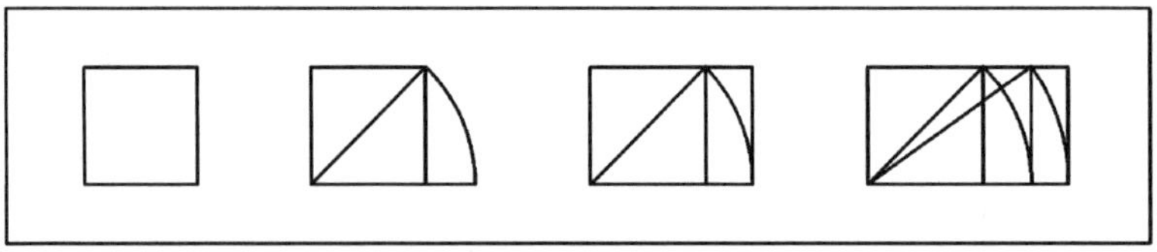

根据短边求$\sqrt{n}$ 矩形

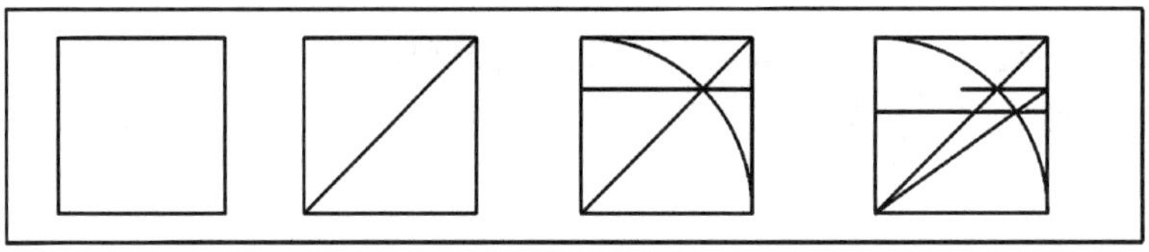

根据长边求$\sqrt{n}$ 矩形

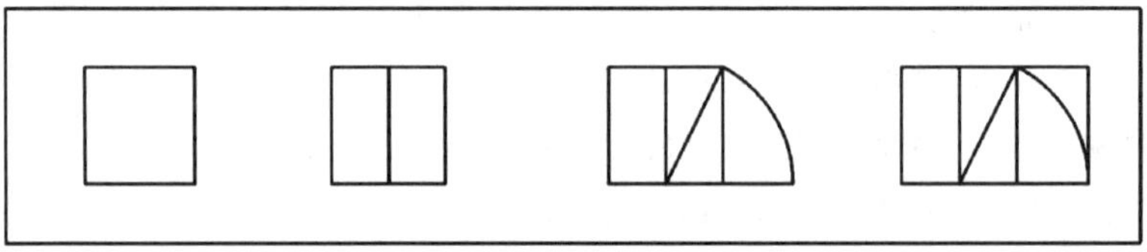

根据短边求黄金分割矩形

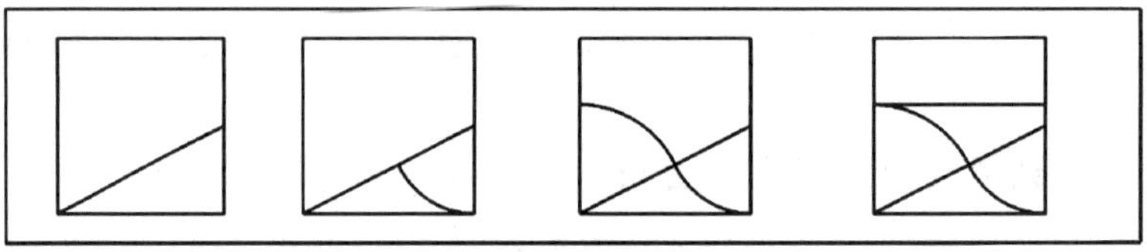

根据长边求黄金分割矩形

图 2-10　矩形分割

2.3.1.2　尺度

尺度是以人体尺寸及某些特定关系衡量物体大小的一种要素。尺度不但与比例密切相关，而且与造型产品的功效也密切相关。它通过对比形成人对物体的尺度印象。人类往往通过与习惯物体（特别是人体本身）的尺度比较而建立某一物体的大小即尺度概念，提供选择尺寸的依据。例如，图纸的尺寸与人的臂膀及躯干的活动范围相关联，其边长的比例关系受这一范围的约束。再如船舶内部控制和操作台面面积，各种家具、扶手、手柄等的大小尺度，也是根据人体尺寸来确定的。

总之，协调的比例是为了满足人的审美心理，即在满足功能要求的前提下为了好看，而合理的尺度则是协调人与设计对象之间的关系，即为了好用。

船舶许多尺度的确定是以法规、规范的要求为准则的，例如舱室的门高、床长、桌椅尺寸、舷墙和栏杆的高度等，都是以人体尺寸为依据、从安全性的角度出发确定的。以人体尺寸为依据来建立造型尺度体系，尺度感明确，易于产生亲切感并富有人情味。另外，部分尺度的确定要考虑物件的功能要求，例如驾驶台、集控室内的操作手柄与旋钮，它们的尺度都比较固定，设计时必须与人的生理、心理特点相适应，而不单纯以比例美来确定尺度，否则会影响操作的准确、及时和舒适性。

尺度的确定与结构的要求也有关系，例如，舱口的宽度与船舶的型宽的比例关系，是以结构强度允许为前提、以功能和力学要求为基础的，是一种自然比例，其尺度关系由技术因素来确定。又如，豪华旅游船的窗户总希望尽可能开得大些，以加大室内的通光量和保持人与自然环境(在视觉上)的充分接触，但是，考虑到稳定性因素，各层甲板高度有限，不可能完全从形式美的角度进行设计。

由于船舶室内空间较小，所以家具尺寸应以视觉空间的尺度为准，主要以各种物体之间的相对尺度为选取比例和尺寸的基础，在保证人机关系的前提下，尺度应取得较小，才能形成视觉上的尺度平衡。

总而言之，船舶的比例与尺度选取与船舶性能和结构密切相关，与人的心理习惯也有某种联系。追求美观、协调的比例与尺度应该在技术允许的范围内进行。船舶造型尺度设计必须是以满足船舶的使用性能为前提的。

2.3.2 均衡与稳定——力学形式的协调

2.3.2.1 均衡

均衡是一种由力学平衡概念抽象出的形式构图规律。船舶的均衡包含了船舶前后和左右的相对轻重关系。这种关系既是船舶具有的实际力学意义，更是人的视觉心理对具体形态所能感觉到的重量平衡关系。

均衡布局的主要形式有四种，如图 2-11 所示，其中第一种同形等量均衡为均衡的特殊形式，即对称，另外三种是非对称的均衡形式。

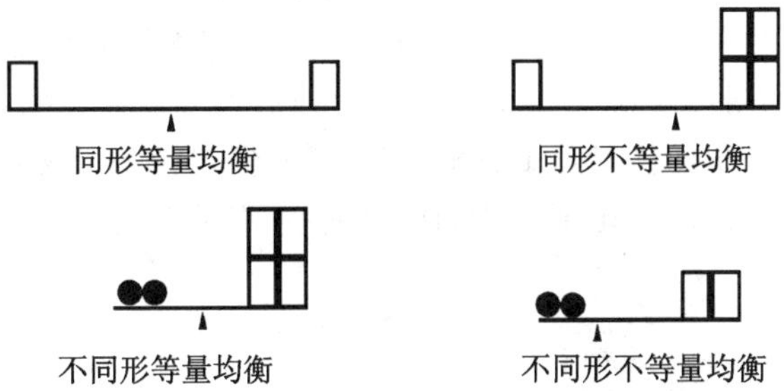

图 2-11　均衡的类型

(1) 对称

对称是指将物体沿中轴线划分成相等形和相等量两部分的对应关系。对称之美起源于人体结构和动物身体结构与形态。人体本身是建立在对称基础上的。在此基础上，人体各部分比例越和谐，就显得越美。对称也是人类最早发现的美学规律，是一种静态的均衡，可以获得极好的视觉平衡。对称具有庄严、静止、严肃的美。但对称使得视觉停留在对称轴或中心线上，也会产生心理上的静、硬之感，显得呆板。

对称有多种形式，如图 2-12 所示。

① 镜面对称(或称左右对称)。镜面对称具有一条对称轴线，轴线两边等量同形，是最常见的对称形式。图 2-12(a)所示的船体的横向布置采用的是镜面对称，这是以功能为前提的布局。

② 螺旋对称。某一几何原形作直线运动的同时作回转运动，路径呈螺旋状，称为螺旋对称[图 2-12(b)]。

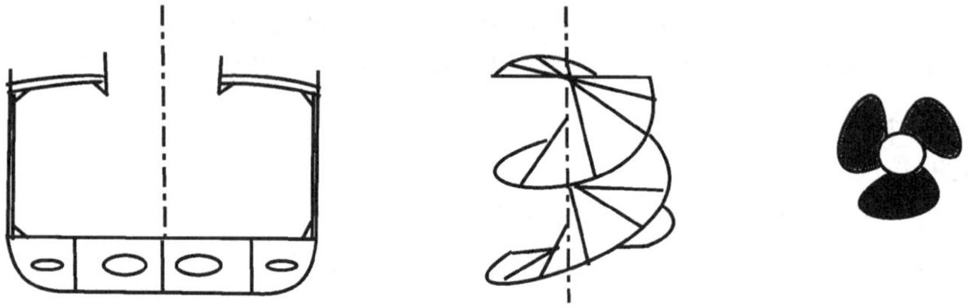

(a)　　　　　　　　　　　　(b)　　　　　　　　　　　　(c)

图 2-12　对称的类型

(a)镜面对称;(b)螺旋对称;(c)放射对称

③ 放射对称。以点代替对称轴线(对称中心),将原形作一定角度绕中心回转,所产生的放射状图形即为放射对称。螺旋桨盘面形状是典型的放射对称图形[图 2-12(c)]。

对称是船体横向结构形式的一个基本特征。一般情况下,船舶任意横剖面都具有镜面对称的特点;主要上层建筑结构形式、主要设备的布置也都是对称的。舱面主要突出或高耸的建筑物,如桅杆、烟囱、吊杆和起重柱等均布置在纵对称面内,构成视觉稳定和均衡。

(2) 非对称均衡

非对称均衡呈现某种动态的平衡关系。均衡在造型上包含了多样统一的特点。视觉上的“重量”主要通过面积大小(大面积“重于”小面积)、色彩深浅(深色“重于”浅色)、动态与静态(动态“重于”静态)来体现的。不对称均衡产生于杠杆原理,由于支点的作用,支点两边视觉重量相等。这类均衡形式活泼、富有变化,能破除等量均衡的呆板格局,适应各种造型要求。均衡关系从体量上有一定的对比。这里所指的“体量”既包含实体,也包括虚重量。图 2-13 所示是一艘散货船的侧面形状,从纵向看,前后实体差异很大,尾部发达的上层建筑有很大的实际重量,而首部的体量除了首桅自身之外,还包含一个视觉心理上的虚面积。以驾驶室前壁为视觉支点,形成与尾部平衡的体量关系,视觉上仍然是均衡、协调的。

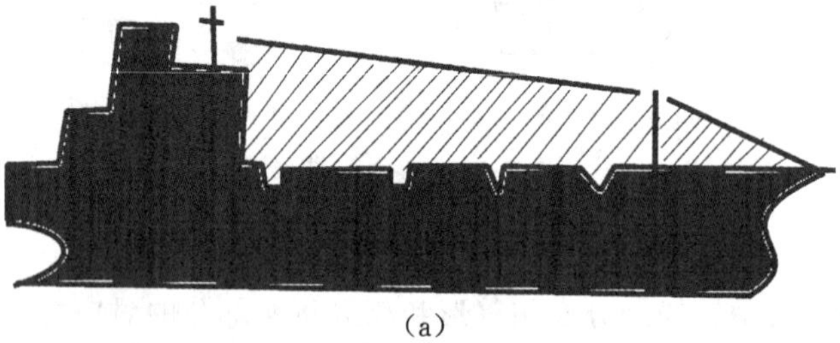

(a)

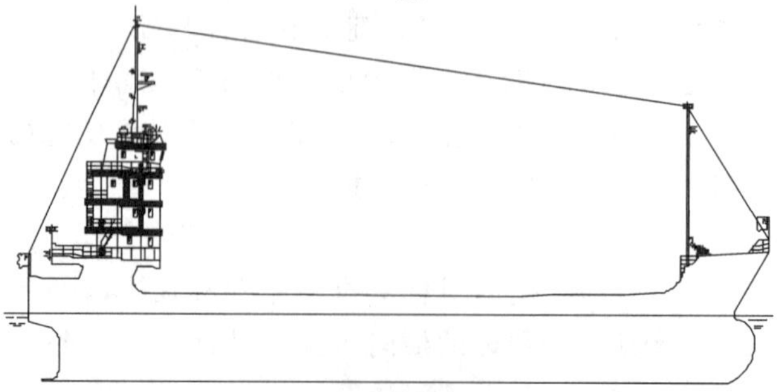

(b)

图 2-13　货船侧视图

(a)货船侧面量感图;(b)货船侧面轮廓图

船舶为了表现其动态特征，造型上更强调动态均衡，即视觉上的平衡感。图 2-14(a)所示为某货船的侧视图，以上层建筑前壁为视点，前后各部分由于大小和距支点的距离不同形成平衡。图 2-14(b)所示的航空母舰因为要保证飞机起降空间，岛式上层建筑置于一侧。但是，庞大的舰体、巨大的舷伸甲板，配上停放在甲板上的具有极强动感的飞机，视觉上仍然是平衡的。

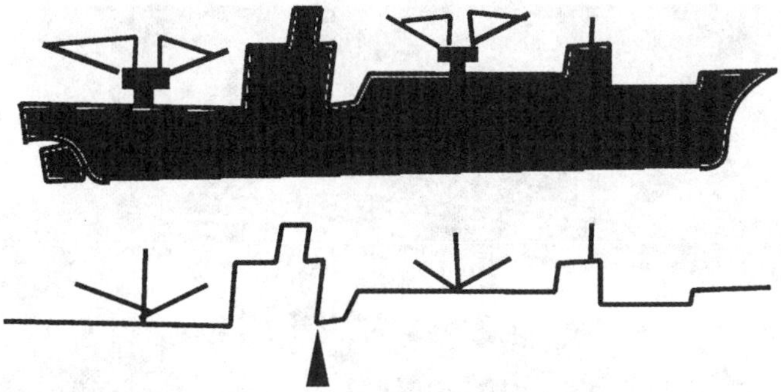

(a)

(b)

图 2-14　均衡的例子

(a)货船侧面量感支点示意图；(b)航空母舰俯视图

2.3.2.2　稳定

稳定指造型物上下部分之间的相对重量关系，包含实际稳定和视觉稳定两层意义。船舶作为水上运动的建筑物，实际稳定和视觉稳定都很重要。前者影响性能，后者影响心理。实际稳定是人们熟悉的船舶重心、浮心、稳心之间的相对关系，是船舶建造法规所要求的主要性能指标之一。它体现了船舶在各种状态下的稳定性、可靠性和安全感，是技术设计必须解决的基本问题。视觉稳定是船舶外观量感和重心满足视觉上的稳定感，它需要在造型设计中加以解决。具有视觉稳定性的船舶给人安定、沉着、宁静和轻松的感觉。

船舶的运动特征要求船舶在保证实际稳定和视觉稳定的同时应具有相应的速度感，当这一要求与结构形式产生矛盾时，需依靠造型手段来解决。例如客船要求舱室具有尽可能高的空间，以营造一个舒适、开朗和愉快的内部空间环境，而竖向的加高对视觉的稳定和船舶的速度感都带来不利影响，因此，造型手法上可采用梯形或塔式上层建筑形式，利用富有动感的斜线或曲线，保证一定的空间高度，在视觉上用一些水平色条分割，将视线由上下方向向水平方向引导，从而满足视觉稳定要求。

获得稳定感的主要造型方法有：

(1) 采用塔式建筑造型

塔式建筑造型能降低视觉重心，给人以轻巧、安定和流畅感。如图 2-15 所示为“水晶·合韵”号豪华邮轮。上层建筑前后端为收缩式斜倾，由下至上逐层递减，并在虚空间内上层建筑前后端与桅杆、烟囱汇交成一个金字塔形，具有很强的稳定感。

图 2-15 “水晶·合韵”号豪华邮轮

(2) 采用对称、均衡的结构形式

对称形式有着很好的稳定感；均衡的造型则是将视觉集中于平衡支点(视觉中心)，也能得到视觉上的稳定。

(3) 利用色彩对比

处理好上下部分色彩配置关系，也是改善视觉稳定性的一种方法。明度低的色彩量感更大、更重，明度高的色彩正好相反。所以，船舶外观色多数是上明下暗，船体为深蓝色，上层建筑为白色，利用明度对比，上轻下重，取得较好的稳定感。虽然明度低的色彩在上部视觉稳定性不好，但能增加一定的轻巧感。尤其对横放的对称物体进行色彩造型时，往往利用这一特点来消除大面积矩形和对称形的呆板感。

(4) 利用质感对比

上层建筑采用轻型材料、透明材料、光滑材料进行建造和装饰，与相对粗糙的钢质船体形成对比，利用人对材料的概念上的重量认识差异，形成上轻下重的感觉，从而获得稳定感。

(5) 利用形体分割

利用色彩、横向长构件和排列的舷窗等，对船体形成上下方向的分割，也能产生很好的稳定感和强烈的动感。

2.3.3 节奏与韵律——音乐形式的协调

节奏和韵律是客观世界运动、变化所显示的普遍规律。人在有节奏地生活，植物在有节奏地生长，波浪在有节奏地起伏……节奏无处不在。利用节奏和韵律变化规律来处理船舶造型的某些结构要素，将使船舶显得紧凑、生动、有条理、有魅力。

节奏近乎“节拍”，是一种机械的律动美，是造型要素有规律的重复，是条理性、重复性、连续性的表现形式。将不连贯的元素在形和色上作有规律的组织和排列，提高视觉感知性，获得整齐、秩序的美。体现节奏感有赖于对比手法，有赖于多样统一的规律。如果造型的节奏符合人的自然生理节奏，这种造型就为人所接受，认为是美的。船舶造型的节奏美通过线、面、色、质来创造，通常用有一定规律排列的门、窗和单元结构物的重复，产生节奏感。

2.3.3.1 节奏

节奏是主观与客观的统一，是心理与生理的统一。节奏可分为匀等节奏和非匀等节奏。匀等节奏指单一的均等不变的节奏贯彻到底。例如，船舷边栏杆的排列，从船首至船尾，将船舶造型的虚面和实面有序地联系起来。非匀等节奏中，重复元素的疏密、刚柔、长短等因素有条理、有变化地排列，更显得生动。

2.3.3.2 韵律

韵律是在节奏的基础上产生有规律的变化，即赋予节奏一定的情调，便形成韵律。节奏是韵律的条件，而韵律是节奏的深化。

韵律按形式和特点分为下述不同类型：

① 连续韵律：指造型要素按一定条理无变化的重复，各要素保持恒定距离，具有静止、深远感。

② 渐变韵律：指连续要素在某一方向按一定规律增减变化(图 2-16)。这种增减变化可以是排列的渐变，也可以是形状的渐变，或者是分量的渐变和色彩的渐变。

图 2-16 渐变韵律

③ 起伏韵律：指造型要素依一定规律时增时减，富有动感。

④ 交错韵律：指造型要素进行交错的组合而产生的韵律。

图 2-17 所示为著名的悉尼歌剧院造型，它将一原始球体按一定规律分为若干片体，各片体在大小、角度变化中包含着一种渐变的韵律美，而在宏观排列上有一种起伏的动感，集中

图 2-17 悉尼歌剧院

表现出统一之中有变化，变化之中有统一的韵律美感，不失为建筑艺术中的典范。再如“水晶·合韵”号邮轮的舷窗布置，各层次有大小变化、形状变化，在排列中不是单一的重复，而是按结构和功能要求划分为群，时多时少，体现了一种韵律美。

无论是节奏还是韵律，可以通过排列和变化，将杂乱无章的构件、单元形体变得整齐有序，统一而不失变化，达到引人注目的目的。灵活地运用节奏和韵律的变化规律，可以创造有运动感、方向感，引人注目的造型效果。

2.3.4 比拟与联想——意境空间的协调

人们对人造物的审美常常与一定的事物形象产生联想，不自觉地借用美的事物作比拟。利用人的这一特点，可以创造出使人产生优美联想的船舶形象。

比拟即比喻和模拟，是事物意象的暗示和模仿，往往是设计者通过自己的造型形象向观察者暗示和隐喻某种美的事物，利用比拟呼唤起他们的某种联想。

联想是想象的一种表现形式，是思维的推移与呼应，将造型物通过思维的推移延伸到其他事物。联想分为接近联想、类比联想和对比联想三种形式。接近联想是指在日常生活经验中将不同的事物经常联系在一起，形成巩固的条件反射而引起的情绪反应；类比联想是指由一个事物的外部形状与另一事物有类同而产生的联想；对比联想则是指由一个事物联想到与它具有相反特点的另一事物。

设计者通过造型处理，希望在观察者脑海中产生美好的联想，是造型设计的目的之一。

能使人产生联想的造型表现手法主要有：

(1) 接受自然启示，对自然之物进行提炼、概括

模仿自然是人类进化过程中最先掌握的技能之一。它明确、直观、易于理解，但联想的范围有限。这种方法特别强调“神似”，有寓意，值得回味。例如，潜水艇的造型借助水滴、海豚的流线形(图 2-18)，很容易使人联想到水下高速游动的生物体，可谓是功能与形式最完美的统一。又如龙舟，设计者利用龙的形象喻示一种民族的习俗和崇拜，通过它让人产生对中国、龙的传人等想象。

图 2-18 潜水艇造型

(2) 从自然中概括出的几何形状的造型

通过概括，在自然形态的基础上抽象、升华，使造型物更含蓄，具有更深层和耐人寻味的美。如“扬子江乐园”号游船外形设计(图 2-19)，船体采用了抽象的白鳍豚造型。这种比拟

和抽象方式使人联想到湖北这一特定的地域，三峡地区水域白鳍豚迅速、美丽、轻盈的动态，不失其独到之处。

图 2-19　“扬子江乐园”号游船

（3）抽象形态的造型方式

抽象几何形态造型与客观存在的具体形态相差较大，它引起的联想是心理学上的自由联想。如“Oculus”号游艇（图 2-20），这个 250 英尺长的游艇由凯文·朔弗尔设计，字面“眼睛”的意思似乎不能完全解读这艘超级游艇的外形，外观风格类似于大型鱼类和海洋哺乳动物的下巴和眼窝骨骼结构，具有灵活的调头装置，游艇的结构具有对称性。

图 2-20　“Oculus”号游艇

运用比拟与联想进行造型设计要注意的是，形式要贴切、比拟要准确，产生的联想要能引起美感。同时，船舶外观造型必须从船舶功能的合理性出发，考虑船舶材料施工工艺特点、航速快慢、航行区域等条件，以及结构合理性、使用安全性和方便性等要求。悖于功能的形式是失败的造型形式，其对象是没有生命力的。

2.3.5　统一与变化——综合形式的美

形式美的基本规律是从不同的角度去反映统一与变化。造型设计中，集中或重点表现整体、共性和协调即为统一。人在观看、欣赏一艘船时，最先看到的就是它的轮廓形状、主调色彩和基本结构这些总体特征，这便要求船舶的造型形态具有整体协调和统一的美感。统一是指将性质相同或相似的造型要素组合在一起，表现出一种整体的秩序美，统一的造型使人觉得畅快、单纯、宁静、和谐并有条理，但强调统一也不宜过分，否则会让人感觉呆板、不耐看，缺乏持久的美感。反之，变化是指强调和突出造型物的特征，将性质相异的造型要素放在一起，形成对比。变化是刺激的源泉，能打破单调和呆滞，产生生动感，在统一中增强美的情趣，保持美感的持久性。

当然，变化须适度，以免引起过分刺激而产生精神疲劳。变化应从统一中产生，受美学规律的支配，设计中应遵守统一之中有变化和变化之中有统一的基本原则。

2.3.5.1 变化之中有统一

(1) 统一的基本要求

船舶是一种反映国家整体工业水平的综合产品，变化要求比较容易满足，而满足整体统一要求则显得困难一些。船舶造型达到统一的基本要求有：

① 造型形式与功能的统一

船舶产品具有一定的功能性，如客船、货船、工程船，它们服务的对象、起到的作用各不相同，在造型设计上应与其功能相统一，不能造成观者的迷惑或不理解。

② 比例与尺度的统一

船舶各部分的比例应尽可能地相同或相近，尺度尽可能满足相同的模数基准，这是产生和谐设计的基础。不一致的尺度、比例会产生不和谐的设计观感，也会给船舶产品建造带来麻烦。

③ 主体风格的协调统一

主体风格包括轮廓的线型、各大部分的几何形态、组合方式。每艘船舶的主体风格应协调一致，通过采用表达一致的设计元素和色彩方案来实现。

④ 色彩、装饰的统一

色彩搭配是实现风格统一与协调的重要因素。因此，要求合理用色，做到既生动活泼又主次分明，主调色明确并与功能要求相协调。装饰材料的运用、装饰工艺的制定也必须以艺术效果的统一为目的。

(2) 实现统一的方法

实现统一的方法如下：

① 调和法

在不同事物中强调共同的因素以达到协调的效果，称为调和。

a. 线型的调和。线型是造型中表现力最强的要素。船舶的轮廓、船体的分割及部分装饰都是由线的变化和排列构成的。线的风格往往决定船舶的风格。构成船舶的线条千变万化，以各种构成方式产生节奏和韵律的美感。各种线型本身也具有各自的特征。例如，构成军用舰船的线型应反映力量感、速度感，反映军容军威和势不可挡的气魄，而直线能比较准确地表现这种风格特点。尖首方尾、直线型的上层建筑、细而长的舰体反映了驱逐舰这一舰种机动、灵活、锐利和坚毅的风格。舰船设计采用的各种线条变化多样，但总体风格上以直线为主。

b. 面的调和。构成船舶的线和面各式各样，变化无穷。在功能允许的前提下，应力求简化，使之简单化、几何化，因为简单的几何形状都具有明确、统一的美感。图 2-21 所示为两艘典型的货船造型，上层建筑、设备基座、烟囱及纵向排列的舱口盖等，各自大小不同，同处一船，形成对比。这些建筑和构件形成统一于一定的比例关系的矩形或其他规则造型，这一相对统一的几何形态形成调和的造型形式，这就是船舶外观造型中典型的面的调和。

图 2-21　货船造型

c. 分割调和。分割调和是指通过线或色块将整体分为若干部分，各部分之间有机地联系起来，具有协调的整体感。图 2-22 所示为我国自主设计建造的挖泥船。设计者采用了黑白对比，上层建筑围壁以白色为主，在驾驶台和上层建筑之间用黑色做分割，且上层建筑围壁形状有变化，外观不死板。尾部高耸的桩柱采用黑色作隐蔽性处理，首部采用红色突出吊臂，用以提示船舶的功能性，也体现船舶强而有力、安全可靠的服务功能，造型上利用不同色块、色带的分割调和达到了外观整体的和谐统一。

图 2-22　挖泥船

② 过渡、呼应达到统一

过渡是指在两个不同形状、不同色彩的组合单元之间，采用另一形象或色彩，使它们互相协调，达到统一的造型效果。

过渡是一种局部与局部之间的统一，通常分为直接过渡和间接过渡两种形式。

第一，直接过渡。船体线型本身就是直接过渡的最好例子。由首至尾多向弯曲的曲面向船舶的平行中体过渡，使曲直两种不同性质的线面通过过渡形成渐变的统一整体。另一直接过渡的形式是突变性的，例如，船体折角部分，直接由某一曲面突然转折过渡到另一曲面，尖锐、锋利，轮廓清晰肯定，体现了速度感，给人以整体效果。

第二，间接过渡。间接过渡是利用第三个面或形体进行填充的方式来实现的。图 2-23 所示为某舰上层建筑两部分建筑群体，其间的平面显得呆滞、缺乏整体感。设计者在此安放了救生设备，使分开的两组群体利用救生艇有机地过渡，加强了整体的统一感。

图 2-23　间接过渡

呼应是指某一造型单体中各个组成部分采用相同或相近的形状、色彩进行再设计，以取得整体的统一效果，即整体与局部的统一。“水晶·合韵”号邮轮就是一艘采用阶梯形塔式上层建筑造型的客船，前后呼应，都采用斜线上升的向内收缩形态，使上层建筑具有完整的简单几何形的统一感。

③ 主从统一

船舶的类型不同，其主要功能也不同。造型的目的是为功能服务，即突出主要因素，减弱次要因素的影响，以形成统一的效果。例如，客船有各种立柱和斜撑，造型功能上应具有轻巧、快速、舒适的视觉效果和心理感受，为此，可以在满足强度的前提下，加宽和突出斜撑，削细和屏蔽立柱，以形成有主有从、造型与功能的统一。再如，舱室内部的家具种类很多、色彩各异，在色彩的设计中应以建筑为主体，选取适合的主调色，其余色彩则应与主调色调和，这样才能形成统一的色彩空间、完整的内部风格。

2.3.5.2　统一之中有变化

船舶外观造型时，突出各部分的差异程度，强调变化，实质是强调一种对比效果，引起观者不同的观感和理解。产生对比的元素主要包括线型对比、体量对比、虚实对比、方向对比、色彩对比。

(1)（轮廓）线型对比

利用线的曲直、粗细、长短、连续与断续产生差异，形成对比（图 2-24）。图 2-25 所示为栖风湖高速船设计效果图，该船外观运用色条装饰，船体上部是一道橙色的流线，由宽变细，表现出船舶的柔美感、敏锐感和速度感，该船较好地运用了线型的粗细变化和曲直变化，统一色彩下形成视觉效果的对比。

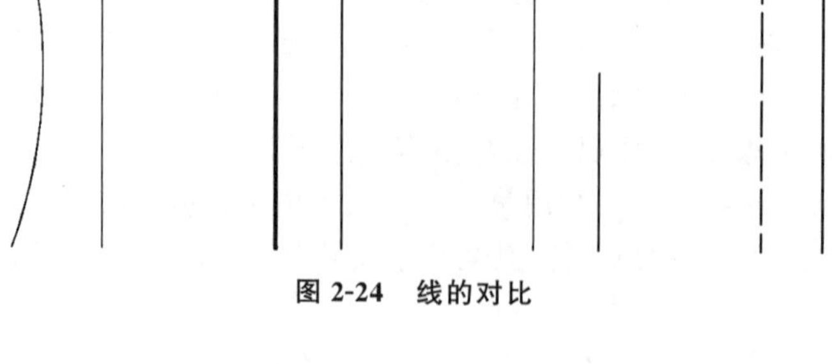

图 2-24　线的对比

图 2-25 栖风湖高速船设计效果图

(2) 体量对比

如图 2-14(b)所示,航空母舰的舰体与岛式上层建筑形成不同视觉重量的对比和不同尺度的对比,突出了舰体的巨大和威武。

(3) 虚实对比

船舶建筑视觉上的体量关系,包含了虚面和实面的对比,均衡的构成实际上利用了虚实两部分的对比关系。又如,具有外走道的客船在阳光照射下,吊檐落影在围壁上,远远看去,虚实有别,其对比效果会产生一种节奏的美感。

(4) 方向对比

方向对比表现为水平与垂直、正与斜、高与低等各种情况,利用分割可使平面几何形改变方向。如“伊丽莎白女王”号邮轮的烟囱和首尾桅杆微微后倾与船舶首部和尾部垂直线型构成对比,从而形成线条上的方向对比。

(5) 色彩对比

色彩的不同,色相、明度、纯度差异都能形成对比,创造不同的视觉效果。

除了利用对比产生变化外,利用节奏也可以产生变化。有规律排列的船体构件和建筑单元具有整体统一感,如果在编排、组合上造成一些差异,如错落不齐和数量加减,可使简单的形式变得富有活力,产生一定的韵律美感。在船舶外观造型上,产生韵律感的手法通常是在栏杆的排列、舷窗的组合上,通过改变排列节奏和设计单元的外形来实现。

2.4 错视的矫正与利用

有时人眼的视觉印象与客观事物的实际形象会发生偏差,心理学把这一现象称之为错视。由于错视及其规律的客观存在,其在图形创意设计中得到应用。在船舶造型设计中,经常涉及的错视现象,主要有下面几种:长度错视、分割错视、纵横错视、虚实错视、对比错视。

2.4.1 长度错视

对于不同图形中的等长线段,其视觉长度不相同[图 2-26(a)],即“马勒-莱亚错视”。

由于附加齿线不同,使人对相等弧长产生长短不同的感觉,原因是人的扫描视线受附加线方向诱导而产生错视[图 2-26(b)]。

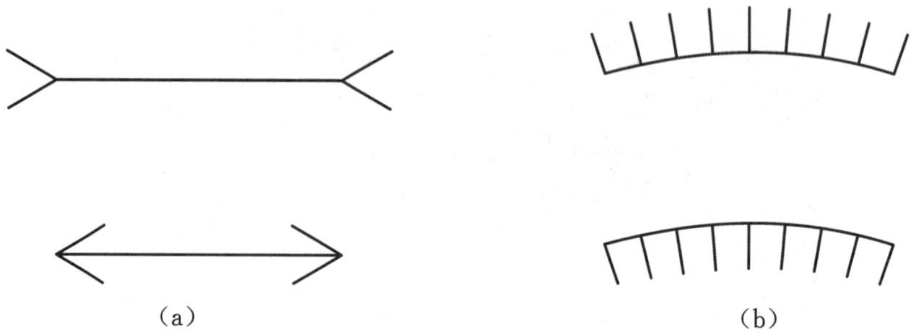

图 2-26　长度错视

平行线尤其是水平线组，是造型中用来调节比例和尺度的惯用形式。船舶外观采用水平线组能产生水平拉长、高度降低和增强稳定的视觉效果。

2.4.2　分割错视

用间距相同的平行横线分割线段，如图 2-27 所示，被分割的线段 a 比相同长度的未分割线段 b 显得要长。这种分割错视常应用在船舶外观造型上，尤其是当船舶设有大平面玻璃材质的上层建筑造型时，利用突出围壁板条的方法形成分割，产生分割错视，以改善船舶高度的视觉缺陷。

角度分割也有类似的情况，利用分割的小角度将平面分成若干区域，各区域设计相互呼应的元素，让设计更丰富、更有立体感。

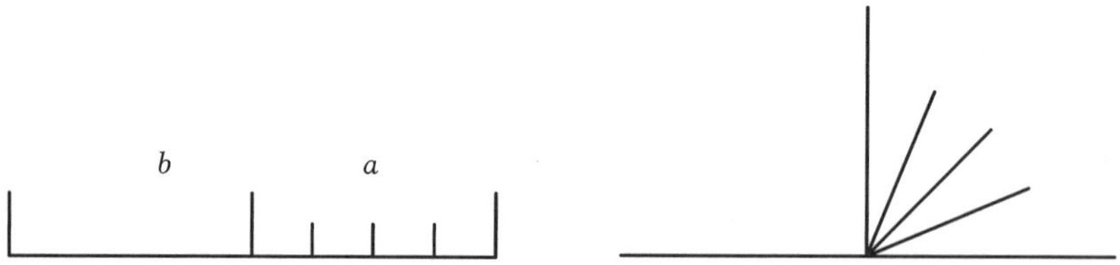

图 2-27　分割错视

2.4.3　纵横错视

由于人的双眼呈竖向窄、横向宽的椭圆形，扫描垂直线的速度比水平线迟缓，因而感觉垂直线长度增长[图 2-28(a)]，例如，正方形看上去有竖高感。因此，现代船舶两舷的矩形窗特意制造成垂向短、横向长的比例，以降低视觉高度，并符合视野要求。另外，舱内装饰中，为扩大空间感，多采用竖高线，不宜过多地使用水平分割线[图 2-28(b)]。

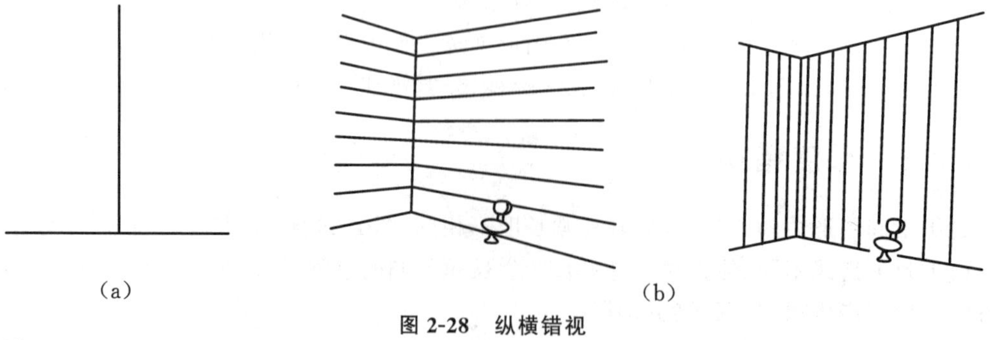

图 2-28　纵横错视

2.4.4　虚实错视

尺寸相同的实体与虚体比较，实体看上去显得大(图 2-29)，虚体看起来显小。在船舶内装设计中，采用透明或半透明材料的部分，由于视线能够穿透，达到内部空间，具有虚体的效果，故这部分体积显得较小，质量较轻，成为现代设计者十分偏爱的材料。

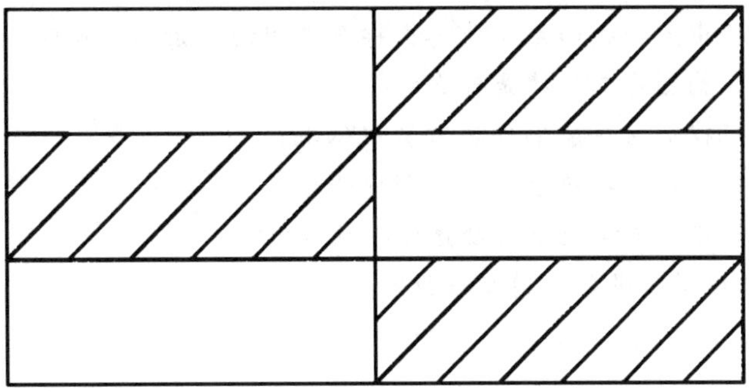

图 2-29　虚实错视

2.4.5　对比错视

同一图形，背景或陪衬不同，大小感觉不同。图 2-30 所示为艾宾浩斯错视的典型图例。当需要突出某一元素时，可以采用这种错视。如船舶舷侧的船名，或船舶烟囱上的标志，都可以利用对比错视加以强调，让观者第一时间获取重要信息。

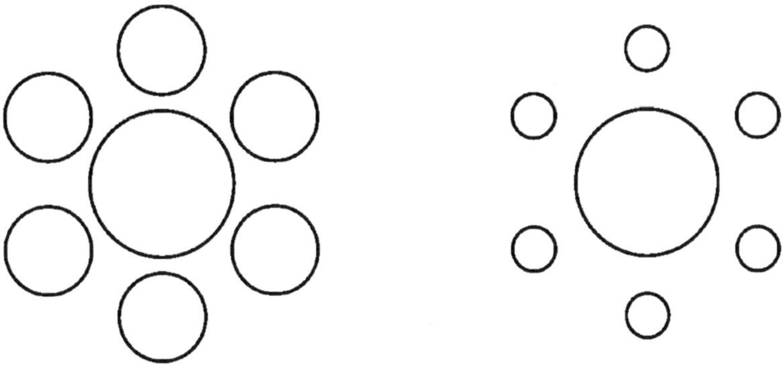

图 2-30　艾宾浩斯错视

错视对造型的影响有利有弊，需要设计者仔细地研究造型对象的特点，有效地利用人眼这一视觉特征来改善造型形象，合理地利用错视可让造型设计取得意想不到的效果。

形式构图的规律是根据不同的设计对象而选用的，功能与形式的统一是运用这些规律的基础。形式美取决于功能，但对功能又具有反作用。船舶造型设计要求设计师熟悉船舶的技术性能和结构特点，有驾驭、运用这些美学规律的技巧。同时设计师也需要了解造型材料的现代特点和加工方法，力求将形式构图的规律恰当地应用到船舶造型设计之中，在服务功能的前提下设计出具有形式美感的产品。

思　考　题

1. 美学观点有主观说、客观说、主客观统一说等，你的美学观是怎样的？
2. 船舶造型美的基本要素有哪些？
3. 请尝试用点元素设计有空间感的图样。
4. 请尝试用线元素设计有动感的图样。
5. 船舶造型设计中点、线、面元素是怎么综合使用的？请举例说明。
6. 船舶造型形式构图基本规律是什么？
7. 比例与尺度规律如何在船舶外观造型中体现？
8. 均衡与稳定规律如何在船舶外观造型中体现？
9. 统一与变化规律如何在船舶外观造型中体现？
10. 如何使用错视现象服务于造型设计？

3　船舶色彩基础

3.1　色彩的基本知识

科学意义上的色彩是指光从造型物表面反射到人的眼睛所引起的一种视觉心理感受。自然界中，光产生色，造型画面上，色彩产生光。色彩的感知受到物理因素、人的生理和心理因素的影响，还与人的气质、习俗、地域、民族和文化层次有关。色彩美既要求鲜明丰富，又要求和谐统一。

人在一定距离观察物体，可以从物体的形状、颜色、质地三个方面进行全面观察。而实验证明，色知觉是第一位的，即色彩首先被感知。

船舶的色彩设计，在船舶设计中占有重要地位。色彩由于传递速度快，能被动地引起人的无意识注意，并且可以传递具有情感性的信息。因此，具有色彩美的船舶造型方案，在参与投标竞争中，最容易吸引购买者的注意力。合理的、美的船舶色彩设计还能在营运过程中影响人的深层次的生理和心理活动。实验表明，各种人机作业中，色彩均能影响人机关系。不同色调的工作环境和生活环境，使人产生不同的生理和心理反应。合理的色彩设计能提高生产效率10%～15%，从而提高经济效益。鉴于色彩设计的重要性，要求船舶造型设计师掌握丰富的色彩知识(调和、对比、色彩工程学、商品色彩学等)，具有良好的色感觉(如色记忆、混色、配色)能力。

3.1.1　色彩的物理特性

3.1.1.1　色彩与光

人们常说“伸手不见五指”，这是因为没有光线，我们就不能感受到色彩的存在。而在同一种光照条件下，我们会看到不同的物体呈现出各种不同的颜色，这是由于不同物体表面具有不同的吸收光和反射光的能力，反射光不同，眼睛所看到的色彩也不同。色彩的产生，是光对人的视觉和大脑发生作用的结果，是一种视知觉。

色彩是光通过直射、反射和透射刺激人眼所产生的感觉。我们能够感受到的光有以下三种形式：光源光、反射光和透射光。

(1) 光源光

自身能够发光的物体叫作光源，像霓虹灯、发光的萤火虫、烛光、火光、阳光等，光源光可以直接进入视觉，被我们直接感受到。光是一种能量的辐射形式，它是以波的形式进行传递，我们日常看到的白光，就是不同波长光的混合结果。1666年，英国物理学家牛顿利用三棱镜的折射，将太阳光析解为红、橙、黄、绿、青(靛)、蓝、紫的七色光带，说明光与色不可分离。不是所有的“光”都能被我们看到，人类眼睛感受的光是有范围的，只能接受波长390 nm(紫光)到780 nm(红光)之间的光，那些不能被我们“看到”的光，却能被一些动物和仪器感知。

(2) 反射光

反射光是最普遍的形式，只要有光照，任何物体都能通过反射光进入我们的眼睛，也才能被我们看到。通常所说的物体的不同色彩，其实就是该物体反射不同波长光的颜色。

(3) 透射光

光源光穿过透明或半透明物体再进入人眼的光线，称为透射光。我们通过窗玻璃、眼镜等透明或半透明的介质看到的光线就是透射光。透射光的亮度和颜色取决于被透射物体的透明度以及光源本身的亮度和颜色。

我们所说的红、橙、黄、绿、青(靛)、蓝、紫七色光，就是组成日光的七种不同波长的光线。物体在日光下呈现的颜色，就是该物体反射了一部分光，另外一部分光则被吸收了。

通常情况下，物体的颜色应该是反射光和光源光颜色的叠加。比如说在有色的灯光下的物体，和日光下呈现的色彩相比，不但有日光下呈现出来的颜色，还将带有光源的颜色。当然，不同质地和材料的物体，对光的反射能力不同，它们的色彩呈现也不相同，这样才有了千变万化的色彩。

3.1.1.2　色彩三要素

牛顿利用三棱镜将白色太阳光分解成七色光谱。如果将这七种颜色的光用聚光透镜加以聚合，发现它们会重新变成白色。

相互混合后变成白光的这两种色光称为互补色光。每一种光谱色相是所有其他光谱色相混合获得的色的补色。

色相、明度、纯度称为色彩的三要素。

(1) 色相

色相就是指色彩的名称，比如绿色、红色、蓝色，色相是由光的波长决定的。在同一种颜色的范围里，还可以继续分出系列变化的色彩，比如绿色就可以分为翠绿、草绿、深绿、淡绿、橄榄绿、军绿等。

色相是用来区别色彩的，最基本的色相包括红、橙、黄、绿、蓝、紫。在两个基本色中间，加插一两个中间色，按光谱顺序就可以得到红、橙红、黄橙、黄、黄绿、绿、绿蓝、蓝绿、蓝、蓝紫、紫、红紫等更多的颜色，也就形成了十二基本色相。

这十二色相的彩调变化，在光谱色感上是均匀的，再进一步添加中间色，形成的便是二十四色相环。在色相环的圆圈里，各种颜色按等分的角度排列，十二色相环每一色相的间距为30°，二十四色相环每一色相的间距为15°。

从色相的名称中，通常能猜测到它们的相貌和特殊用途。比如橘红和草绿色，不难看出它们来自水果和草地的颜色；而军绿色，则来自它的专属用途，是作为军队服装的主要色彩；深蓝色、浅灰色，从名称就可以感受到这些颜色的深浅特征；当我们看到一个陌生的颜色名称，可以根据一些线索寻找到这些色彩的相貌，比如薰衣草色其实就是一种浅的紫色。

色相环中的色彩有限，并不能概括我们自然界和生活中的所有色彩，所以我们用约定俗成的众多色彩名称去描绘色彩的具体面貌。在任何设计的过程中，必然包含色彩选择，准确地描述色彩,能够方便沟通和交流。

(2) 明度

明度是指色彩的明暗程度,任何色彩都有自己的明暗级别。色相环中最明亮的颜色是黄色,最暗的颜色是紫色。物体表面的光反射率越大,看上去就越亮,明度就越高;反之,物体表面吸收的光越多,颜色就越暗,明度就越低。

单个色彩的明度就好比乐音的高低程度,明度高的色彩,如同音调的高音区,清脆明亮,并且有透明和轻盈感;明度低的色彩如同低沉的锣鼓,厚实、结实、不透明。

明暗的两极是白色和黑色,黑白之间可以分成很多级,包括黑色和白色形成一个明度台阶系列,这个系列类似于乐音高低的排列,用这些不同级别明度的组合将会形成明度调子。人最多能辨别 200 个级别的明度差异,一般我们把从白色到黑色分成 9 个明度级别。明度一般采用上下垂直来标示,最上方的是白,最下方的是黑,这一表示明暗的垂直轴,称无彩色轴,是色立体的中轴。

明度适于表现物体的立体感和空间感。不同色彩之间的明度关系可以等同于素描效果,明度关系决定了整个画面的结构,并且可以不依赖于其他色彩特性而单独存在。

(3) 纯度

纯度指色彩的纯净程度,也称为饱和度。就不同的颜色来说,纯度也不尽相同。光谱中的色彩保持着原始的纯净状态。一般橙色的纯度最高,黄色、红色、湖蓝等也是高纯度的色彩,绿色、紫色相比之下纯度较低……黑色和白色是纯度最低的色彩。

纯度说明了色彩的鲜艳程度,低纯度的色彩沉稳柔和,而高纯度的色彩鲜艳夺目。儿童对色彩还不敏感,这时他们表现出对纯度高的色彩的偏爱,而都市里的职业男女,却多把色彩的爱好压制在低纯度的职业装下。人的天性中对纯度高的色彩的热爱,好比一种自然的激情,潜在地表达了对生活的热爱,所以人们才会借助窗花、春联点缀灰沉的冬日,用跳跃的头绳、鲜艳的桌布进行装饰,才会在画布上用颜料挥洒自己的激情……与之相反的是,当人们要收敛自己的欲望,当人们在从事自认为神圣的事情,当人们不愿别人太多了解自己,把自己包装和掩盖起来的时候,纯净热烈的颜色必然让位于黑、白、灰等几乎没有色彩倾向和饱和度的颜色……

由此,我们可以看出,色彩的纯度和色彩的明度一样,不仅是色彩本身的特性,也是人们相应的情绪、感知、记忆等经验的体现,我们不仅要了解色彩本身的特性,更要领会这些内在的色彩语义。

3.1.1.3 色彩的混合

工程中用到的色料,如涂料、油漆等,是由色原料添加一些混合剂制作而成。它们也具有色相、明度、纯度,只是物理意义上与色光有所不同。

红、蓝、绿称为光的三原色。将红、蓝、绿三种色光按一定的比例混合,能产生其他色光。三原色色光混合,产生白光,这种混合方法称为正混合。洋红、湖蓝、明黄是色料三原色,其混合也能产生丰富的色彩。三原色色料等比例混合产生深灰色的色料,色料的混合也称为负混合。

两种原色的混合产生间色,如人们熟悉的橙、绿、紫等。混色过程中,原色的比例可以是等量的,也可以是不等量的,因而产生以某一原色为主导色的间色。两种间色的混合产生的颜色称为复色,由于间色的配置比例不同,复色也有各种变化,由此便产生我们眼前这五彩缤纷的世界。据统计,人眼所能感受到的色彩多达数百万种。

3.1.2 色彩命名

面对丰富的色彩世界,为了科学地命名某一色彩,对整个色彩系统进行编排和区别是非常必要的。许多色彩学家作了大量的研究工作,创造了各种色彩命名法。用植物色来命名即固有色命名法,如玫瑰红、橄榄绿等;或用联想和时代感的名称来命名,如自然色、酒红色、唐三彩色等;还有系统命名法,按色相、明度、纯度等要素命名,如亮红、暗紫等。这些命名法过于灵活,不够准确,经过逐步发展、演化,最终产生了色立体命名法。

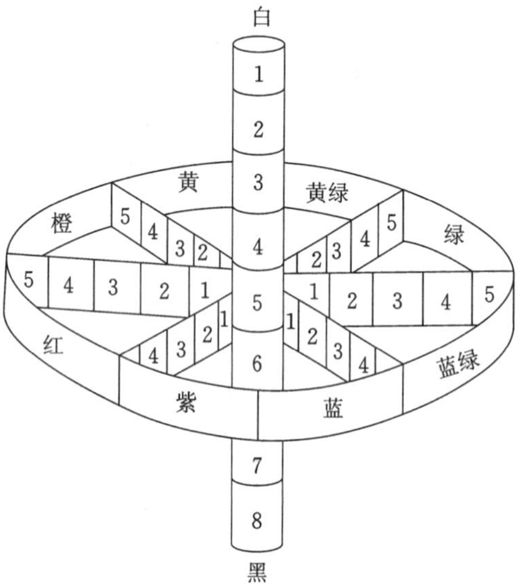

图 3-1　色立体的构成

色立体是指将色彩三要素构成一个有秩序、严密的近似球体的空间体系。色立体的构成如图 3-1 所示。色立体上的纬度圆环是由各种色彩构成的色相环;中心轴线是由不同明度序列的无彩色构成,上白下黑;球表面的色彩为纯色系,表面一点与中心轴垂直的半径为纯度系列,由内向外纯度渐高;与球心垂直的直线两端色互为补色(即两色混合为中性灰色)。美国色彩学家、美术教师孟赛尔 1915 年创立了孟氏色立体表示法,德国化学家、诺贝尔奖获得者奥斯特瓦德 1921 年创立了奥氏色立体表示法。

3.1.2.1 孟氏色立体

孟氏色立体共有约 5000 种常用色,其构成如图 3-2 所示。

① 色相环按照光谱中的红、橙、黄、绿、青、蓝、紫的顺序围成环。色相环的“相”是根据物理学的圆周从基准轴与直径的夹角即相位角引申而来的。孟氏色立体在 10 个主要色相(红、黄、绿、蓝、紫加 5 个间色)基础上,再对各色相细分 10 等份,形成 100 个用数字和字母表示的色相序列的色相环,其中 5 号色是各色相的基本色。

② 中心轴表示无彩色的明度系列。上端为白(W),下端为黑(BL),共 11 个等级,白为 10,黑为 0,1～9 是灰色系列。

③ 色相面是指根据心理学原理,将色彩在不同明度等级上,调配出不同纯度系列。由内向外离中心轴越远,纯度越高,如 5P4/14 表示明度、纯度最高的红色(原色)。孟氏色立体的色彩用文字表达的格式为 HV/C,其中:H 为色相,V 为明度,C 为纯度。

3.1.2.2 奥氏色立体

奥氏色立体为双圆锥体,其结构如图 3-3 所示。奥氏色立体对应的变量是每种颜色所含的黑量、白量和纯色量,所有颜色都可以由这三个量按一定的比例组成。

① 奥氏色环在 8 个主要色相基础上,再对每一色相分三等份,形成 24 个用数字和字母表示的色相序列的色相环。

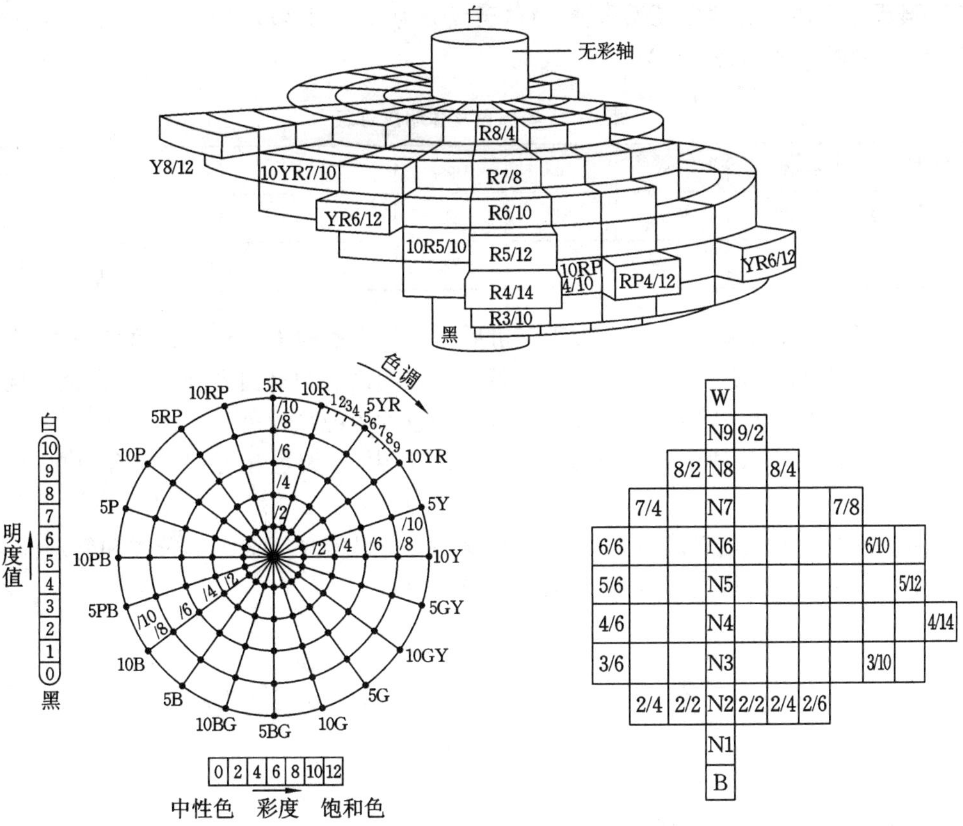

图 3-2　孟氏色立体

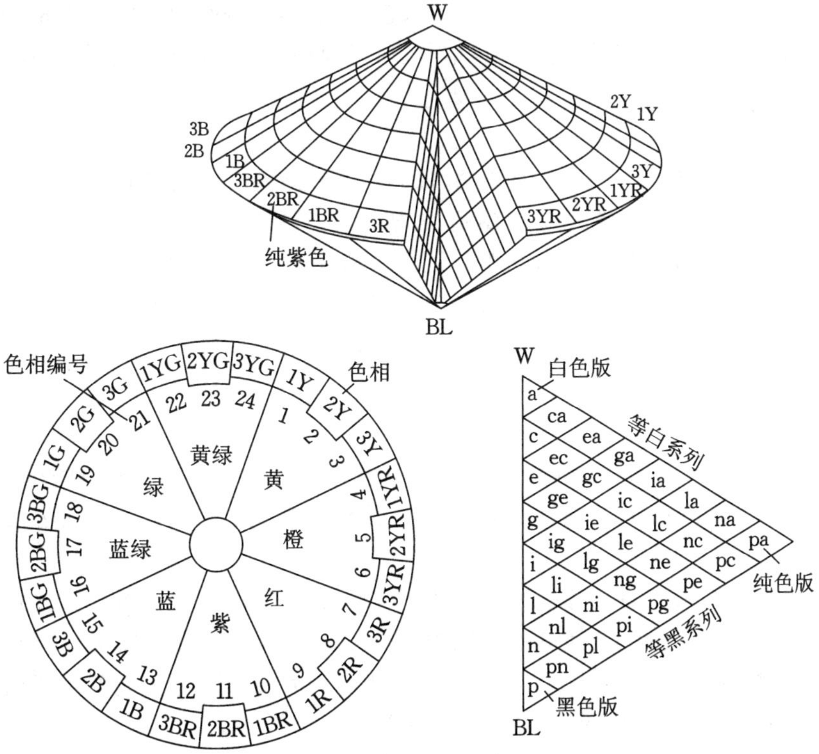

图 3-3　奥氏色立体

② 奥氏色立体中心轴也是无彩轴，由白至黑分为 8 个明度段，用 a、c、e、g、i、l、n、p 字母代表相应的黑白含量(见表 3-1)。

表 3-1　奥氏色立体明度等级

符号	a	c	e	g	i	l	n	p
含白量(%)	89	56	35	22	14	8.9	5.6	3.5
含黑量(%)	11	44	65	78	86	91.1	94.4	96.5

③ 色相面(包含轴切出的平面)为正三角形。以明度系列中心轴为三角形一边，作等边三角形，与中心轴对应的顶点为纯色点。平行于上边的诸色为等白系列色(含白量相同)，平行于下边的各色为等黑系列色，平行于中心轴的各色为等纯系列色。

奥氏色立体表示某种色彩的格式为 n/W/B，其中：n 为色相号；W 为含白量；B 为含黑量。

中国已经根据奥氏色立体建立了行业色标体系，并已实现行业色彩分类和管理标准化，造船行业在此基础上也构建了本行业的色彩管理体系。

3.2　色彩的生理效应和心理效应

3.2.1　色彩的生理效应

色彩感觉形成的过程是眼睛摄取光源色或物体色，作为激起神经细胞兴奋的信息，经过神经系统输入大脑后，与大脑存储的大量信号进行比较判定，同时产生色彩的联想。

3.2.1.1　色视觉适应

从一个色彩环境进入另一个色彩环境，视觉的差异随着时间的延长而消失，称为色觉适应。色觉适应分为暗适应和明适应。暗适应指由强光到弱光环境，这时物体显得深暗、模糊，5～10 min 视觉才能适应。工人从甲板上进入机舱时，常常会经历这一过程。在适应期内，人在观察仪表数据时，错误率非常高。明适应正相反，由弱光到强光环境，适应过程约 0.2 s，这便是从室内突然上至甲板时觉得耀眼、刺激的原因。

3.2.1.2　色彩的生理现象

实验表明，蒙住人眼，以不同波长的色光照射人的皮肤，人会有不同的感觉。长波系色光照射时，人产生扩张反应，皮肤弹性增强，脉搏加速；而短波系色光照射的情况正好相反。

各种色光实验结果表明，在黄色室内环境中，人的血压正常；而在绿色室内环境中，人的血压下降、脉搏跳动减慢；在红色室内环境中，能让人兴奋，脉搏跳动加快；在紫色室内环境中，让人产生压抑感。一种心理疗法就是将情绪激动的人安排在蓝色调的房间内，以稳定其情绪；将忧郁的人安排在红色调的房间内，增加其活力。

色彩与味觉也有关系。食物的颜色对人的食欲有显著影响，如黄色奶油比白色奶油更令人感觉味美；橙色食物令人产生很强的食欲，餐厅配菜时，加上几片胡萝卜能起到促进食欲的作用；而通常反映“不好吃的”往往是灰色食物。

3.2.1.3　生理补色现象

两种色彩按一定比例混合产生无彩的灰色，称这两种色彩互为补色。补色是色相环上过圆心对顶相连的两种色彩。当眼睛注视一种有色物体，然后突然将视线从物体上移开，此时眼中留下一个补色残像，这种残像色彩与原来色彩的关系即生理补色关系。互补的色彩在视觉和大脑中能产生一种完全平衡的状态，利用这种现象可以使长时间集中注视某一物体而疲劳的眼睛得到适度的调整和休息。船舶进厅和房间走廊色彩可利用生理补色现象进行设计，旅客进入进厅，往往是比较兴奋、情绪高涨，进厅色彩也多用暖色系，给旅客宾至如归的感觉，往里走到走廊，走廊色彩与进厅色彩互补，从而使得兴奋大脑得以进入一种平衡松弛状态，更利于后续景观的观赏。

3.2.2　色彩的心理效应

色彩美起源于色彩对人产生的心理效应即色感觉的转移。色彩所传递的情感信息，引起人的心理感受和联想。现代心理学开展了对色彩的一些派生性质的研究，如温度、质量、大小、形状与色彩的关系等，并通过实验的方式研究人对色彩的反应。实验表明，色彩的心理效应与很多因素有关，其中主要有个人性格因素、年龄因素、生活环境和社会环境因素等。

3.2.2.1　色彩的心理感受(效应)形式

长期以来，人类根据自然界客观存在和现实联想，产生对色彩的心理感受。

(1) 色彩的冷暖感

色彩有冷色和暖色之分，冷色和暖色已成为国际通用的色彩描述语言。船舶居住舱内的水龙头上，标出红蓝两色，无须其他说明，人们便能理解其含义。色彩的冷暖感主要取决于色彩的色相，如红色的地毯能让人产生温暖的感觉。物理学上的物质温度是能量的动态表现，长波长的红、橙色称为暖色；反之，短波长的蓝、蓝绿色称为冷色。实验表明，色环中，最冷的色是蓝绿色，最暖的色是橙红色。孟氏色环冷暖色的分布情况如图 3-4 所示。

图 3-4　孟氏色环冷暖分布图

(2) 色彩的进退感

将两个形状相同、色彩不同的物体置于和眼睛保持相同距离的位置时，暖色倾向于靠前，而冷色倾向于后退。图 3-5 显示了色彩的进退感。单色进退感取决于其冷暖感，暖进冷退。色彩的进退感还可由色彩纯度决定，明度相同时，高纯度色有进感，低纯度色有退感。进退感觉还与大气透视密切相关，是某种图像再现的效果，不是色相本身的距离。当设计空间矮小的各种舱室时，利用色彩的进退感来改善视觉空间大小，这一设计手段非常重要。

(3) 色彩的胀缩感

人在长期观察中，能感受到色彩受明度和色相控制，呈现出收缩和膨胀感。色彩的胀缩变化顺序见表 3-2。

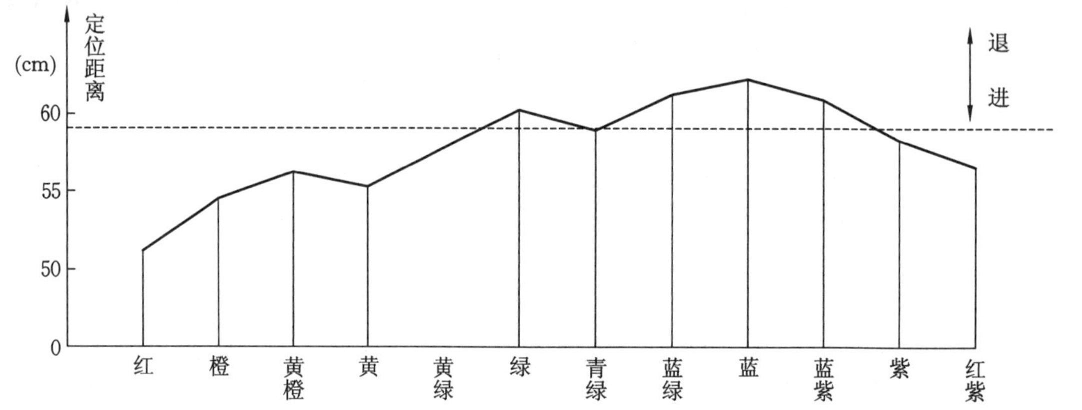

图 3-5　色彩的进退感

表 3-2　色彩的胀缩变化顺序

由 7 到 1 为膨胀感增强						
1	2	3	4	5	6	7
白	黄	红	绿	紫	青	黑
由 1 到 7 为收缩感增强						

一般情况下，暖色具有膨胀感，冷色具有收缩感。产生各种感觉的物理及生理原因同进退感类似，主要是由于光波长短不同，以及眼睛的调节作用引起。纯度高、明度高的色彩光量大，色刺激性强，对视网膜作用加强并波及周围视神经细胞，从而产生夸大或过分判断。

（4）色彩的轻重感

人们普遍感觉：深色重，浅色轻。在蒸汽机时代，船舶大多为黑色，看上去确实感到沉重。与之相比较，现代 10 万吨级以上的超级邮轮，由于色彩效应，看上去反而显得轻快些。色彩的这种轻重感很大程度上是由于不同色彩明度所决定的。同明度的色彩，轻重感觉受色相支配，一般是冷色轻，暖色重。有些港口使用的集装箱全部或部分采用明亮的黄绿色，给人较为轻松的感觉，就是利用了色彩的这一心理效应。色彩的轻重感顺序见表 3-3。

表 3-3　色彩的轻重感顺序

1	2	3	4	5	6	7
白	黄	红	绿	紫	青	黑
由 1 到 7 为重感加强						

（5）色彩的软硬感

软硬感与色彩的明度和纯度有一定的关系。一般情况下，明浊色（明度高、纯度低）具有软感，明清色和暗浊色感觉适中，而纯色、暗色具有硬感。最典型的有：黑白色感觉硬，灰色感觉软。色彩的软硬较多地应用于舱室内的地毯、家具、丝织物的选色上，对于创造轻柔、自然、温暖的居室环境十分有效。

（6）色彩的时间感

对现代船舶各部门的船员而言，时间感并不十分重要。紧张的工作、快节奏的生活使船员容易忘记时间；相反，对旅客而言，整日待在船上，无所事事，即使很短的时间也会感到很长，有人甚至觉得难以消耗身上多余的能量。色彩学家建议，繁忙的工作人员最好在绿色的房间里休息，而旅客们可以坐在娱乐场所的红色椅子上休息。美国色彩学家弗·比林指出：在长波长色彩装饰的房间里，时间感知长；而在短波长色彩装饰的房间里，时间感知短。实验也证明：同样一分钟的时间，在红色环境中感觉超过一分钟；而在绿色环境中，感觉不足一分钟，其误差可达 15 s。因此船上的娱乐场所，为了招引顾客并加快周转速度，最好采用红或橙色布置，而会议室、船员休息室和保健室等宜采用冷色，这样既能使人忘掉时间，又能消除疲劳。客舱用色一般不选用极端色，而选用中性而又安定的色彩。有条件的旅游船还应根据不同对象、不同层次的旅客要求作不同的舱室配色。

(7) 色彩的动静感

长波长的色彩显得“快速”，如黄绿、黄、红、橙色等，赛艇、风帆船等须体现速度感的船型多选用这些色彩。让人感到静止、缓慢的色彩为蓝绿色。高明度色调在感觉上动感强、速度快；低明度色调则相反。

3.2.2.2　色彩的心理联想

色彩本身并没有感情，但当人们面对五彩缤纷的世界，总会产生某种心理联想。中国原始社会的彩陶，西方早期的单纯平涂的岩洞壁画，都说明了人类自古以来就懂得运用色彩来表现事物之美，来表达他们对生活的热爱和情感的需求。

联想形式有：具象联想，由某种色彩联想到具有类似特征的事物；抽象联想，使色彩的特征与人的感情相联系。色彩联想，从某种意义上讲更多的是主观色彩，是根据装饰的实际需要和对自然色彩的感受加上自己的联想创造出来的一种色彩组合，反映了创作者的审美观点。

京戏脸谱中，红色表示耿直，黄色表示干练，白色表示奸诈，黑色表示正直，绿色表示凶狠，蓝色表示桀骜，紫色表示忠勇，金银色表示超脱等，是感情色彩象征意义的实际运用。在中国历史上，黄色曾作为帝王专用的颜色而被推崇。人们长期的感性生活积累，主观地赋予色彩以浓重的感情象征意义。闻一多先生在一首题为《色彩》的诗中曾写道：生命是张没价值的白纸，自从绿给了我发展，红给了我热情，黄教我以忠义，蓝教我以高洁，粉红赐我以希望，灰白赠我以悲哀，再完成这帧彩图，黑还要加我以死。从此以后，我便溺爱于我的生命，因为我爱他的色彩。这首诗体现了诗人对生活的热爱和顽强的战斗精神。诗中涉及的主要色彩、色相的感情，表达得十分简明而准确。

了解和研究色彩的感情和象征意义，对于色彩的应用非常重要。色彩的心理联想见表 3-4。

表 3-4　色彩的心理联想

色彩名称	属性变化	视觉特征	具象联想	抽象联想
红	高纯度 注目性强 刺激作用大 引人注目	纯 ＋白 ＋黑 ＋灰	火、血、太阳 儿童、女性 宗教	热情、刺激，易产生视觉疲劳 丰满、健康、优美、温和 坚固、庄重、严肃 烦闷、哀伤

续表3-4

色彩名称	属性变化	视觉特征	具象联想	抽象联想
黄	最亮 明视度高 注目性强	纯 ＋白 ＋黑 ＋灰	柠檬、蜡梅 佛教、儿童 泥土 黄昏	明朗、自信、高贵 单纯、可爱 多变、质朴 哀伤
绿	植物色、刺激小	纯 ＋白 ＋黑 ＋灰	草地、植物 自然 苔藓	平静、生命、春天、和平 清新、爽快 安稳 暗淡、浑浊
蓝	注目性低 明视度低	纯 ＋白 ＋黑 ＋灰	天空、大海 湖泊、冰雪 机械	寒冷、遥远 清冷、高远 深邃、神秘 冷静、智慧
白	全色相、注目性强		雪、云	洁白、纯净、苍白
黑	全色相、无刺激		夜、煤	严肃、悲哀、恐怖
灰	全色相中性色		阴天、灰尘	平凡、中庸、消极

3.3 色彩的对比与调和

任何一种色彩客观上都是美的，但每个人对色彩的理解和喜好不同，都有自己认为最美最好的色彩，即所谓主观色。人们有的喜欢红色，有的喜欢绿色，是人的情趣、性格和欲望的反映，但这不能代表色彩美的本质，更不能作为船舶色彩设计的依据。色彩设计必须遵循统一的美学要求和搭配原则，运用色彩对比与调和规律进行色彩设计是达到色彩美的基本方法。

3.3.1 色彩对比

色彩对比是指两种以上的色彩以空间或者时间关系相比较，表现出明确的差别。歌德曾说过“当我看到一种颜色时，同时看到了两种颜色”，就是指色彩的对比效果。船舶色彩受到各种因素的制约，例如，着色部位的形态变化、面积变化、材质不同、光照条件不同，以及功能要求不同，各部分色彩呈强弱变化，即产生对比。另外，在设计过程中，为了追求色彩的美学效果，达到加强刺激、增强新鲜感等目的，在局部色彩配置时，特意造成差异，突出对比特点。

3.3.1.1 色相对比

将两种或多种色彩并置在一起，因色相差异形成的对比即为色相对比，这是最简单的纯色对比。例如，绿和橙的配色，绿向蓝的方向移动而变成蓝绿色，橙色带有红色，这种对比强调色相差，是最典型的对比。

由于各种色的明度和纯度是不同的，所以色相对比实际上也包含了明度和纯度的对比。在色相环上两种色彩的位置交角不同，形成不同强度的色相对比：二色交角为5°左右称为同一色相对比，是最弱的色相对比，这种对比包含了调和；二色交角为45°左右称为类似对比，是弱对比；二色交角为100°以上称为对比色对比，是强对比；二色交角大于120°时，接近补色，这时两种色的对比效果最强烈，也称为补色对比。将一块黑色物品放在不同的背景中，将产生这样的对比效果：背景为白色时，黑色物品显得又亮又黑；在红色背景下，黑色物品带有绿色；在紫色背景下，黑色物品呈黄绿色。

某种色彩与其补色进行对比，看起来比原来的色彩有更高的纯度，因此补色对比使人兴奋、警觉。

3.3.1.2 明度对比

特别强调色彩的明暗差异的对比称为明度对比。不同的色彩，明度差异大，对比就强；反之则对比弱。明度对比强，显得活泼、轻快但有点生硬，使用不当时容易产生视觉疲劳；明度对比弱，显得柔和、模糊；中等明度对比，显得朴素、稳定，但也容易引起沉重、无聊的感觉。

明度对比在色彩设计中占有重要地位，色彩的层次感、体量感、空间关系主要靠明度对比来实现。为了使某种色彩看上去更明亮，将其与低明度色彩组合为佳。置于白色背景下的色彩会令人感到晦暗，就是由于明度对比的结果。

3.3.1.3 纯度对比

纯度差异的大小对比即纯度对比。最典型的情况是将某种色彩与灰色放在一起，该色彩比原来显得更鲜艳。纯度相近的色彩配置在一起，会相互减弱色感，而纯度有差异的色彩放在一起，能互相衬托，突出对比。一般情况下，纯色加入任何色都降低其纯度，如加入白色，使色彩变冷；加入灰色，使色彩变得平和；加入补色，使色彩变得深灰但有亮感。如果将同一色相不同纯度色彩放在一起则不产生对比，而是调和。

3.3.1.4 冷暖对比

暖色是指黄、黄橙、橙、红、红紫等色，冷色是指蓝、蓝绿、黄绿、蓝紫、紫等色。色彩之间只有经过相互比较才能有冷色、暖色的区别，如位于不同背景下的同一色彩，在冷色区的部分偏暖，在暖色区的部分偏冷；紫、绿色和黄、红色并置时，紫色和绿色为冷色，但与蓝色并置时，紫色和绿色则成为暖色。由此可见，色彩的冷暖是相对的。冷暖对比是一种心理感知，暖色比冷色对比强，冷色比间色对比强。

3.3.1.5 面积对比

色彩面积对比与对比色的明度和纯度之积有关，例如，有A、B两色配置在一起，当满足下面关系式则两色调和；不满足时，两色形成对比。

$$\frac{A_{纯度} \times A_{明度}}{B_{纯度} \times B_{明度}} = \frac{B_{面积}}{A_{面积}}$$

色彩面积对比不仅包含面积大小的对比，也包含色块位置的对比。实验证明：当两色块重叠或靠拢时，对比鲜明；两色块靠近时，对比也较强；两色块分离时，对比的强弱取决于距离的二阶导数。两种同形状同面积同色相的色彩对比很弱；两种同形状不同面积同色相的色彩对比较强；两种同形状同面积不同色相的色彩对比强；两种同形状不同面积不同色相的色彩对比弱。在船舶外观采用双色或多色时应十分注意对比效果。根据面积对比的特征，除特别要求的强对比用色外，船舶内部用色，如天棚、地板、墙壁等大面积多选用明度高、纯度低、色差较小的弱对比，使人觉得和谐、明快、久看不厌；丝织物这些中等面积的色块多选用中等明度、中等纯度、中等对比的配色；装饰物、灯具、艺术品等小面积用色可选用较强的对比色。

3.3.2 色彩调和

3.3.2.1 调和概念

船舶造型之美，产生于形状、色彩与材料美的综合。船舶最惹人注目的是所有色彩搭配的综合效果，这就是配色美。两种以上的色彩组合时，能给人以美丑之感。色彩如何组合才能使之调和，应给予关注。对调和的定义，有各种不同的观点：

① 调和是指色力平衡而最终产生中性灰色(歌德)。色力即色刺激。这一理论能较好地解释人眼的视觉疲劳现象。中等量的中性灰色与视觉相适应，最终产生平衡。

② 色彩的调和具有与声调音律和谐的相似性(牛顿)。

③ 色彩的调和是生理与心理的相适应。

④ 色彩的调和就是秩序。

⑤ 色彩的调和就是色彩与形象、位置、内容、形式、功能的统一。

总之，色彩调和是配色美的一种形态，使人感到好看、舒适、愉快的配色是调和的。调和又是配色的手段，对比过强的色彩组合需要加强共性，过分统一的配色则需要加强对比，以达到和谐。

船舶在内部用色上，尤其应注意工作环境、居住环境与某些设备的色彩调和，以减轻操作人员的视觉疲劳和心理、生理负荷，提高操作精确度和生产效率。日本企业统计显示：一个工作空间的设备与环境，如果色彩调和，劳动生产率可提高10%～20%。

3.3.2.2 色彩调和法

调和配色的方法有多种，下面简单地介绍几种常用的调和方法。

① 色相环几何形状调和法：这是一种最基本的调和法，该方法是指以十二色相环内某一点作为起点，构成某一几何形状的顶端各色调配合产生调和。

② 色相环角度调和法：在色相环上按一定角度，选用两个或多个色相配合产生调和。

③ 奥氏色立体调和法：奥氏对色彩调和的论点是“调和＝秩序”，他认为要使两种或两种以上色彩调和，必须使它们在主要因素方面相等。这些相等的主要因素包括明度间隔相等、含白/黑量相同。

④ 蒙-斯潘塞调和法：这是由美国色彩学家蒙(P. Moon)和斯潘塞(D. E. Spencer)共同研究的成果，它以孟氏色立体为基础，将配色分为几个大类，然后用数学方式定量求出调和程度。它的特点在于定量化，是现代色彩应用中一个较完备的体系。

蒙-斯潘塞调和理论可以归纳为：无彩色配色的美度大于有彩色；有彩色与无彩色的组

合美度很高;同一色相调和最佳;色相和组合不变,只改变明度,比使用很多色相的复杂设计美度还高,或者说同明度的配色美度很低。这些理论在具体应用中颇有参考价值。

⑤ 孟氏色立体调和法:这一方法的基本特点为,利用孟氏色立体的优点,即色立体中间隔距离短的色彩、中心地带的色彩、具有等比和等差关系的色彩、有几何秩序方向的色彩都是调和感强的配色。

对比与调和是配色的主要方法,两者相互对立又相互依存。好的配色同时兼有对比与调和,即总体调和、局部对比,从而体现统一之中有变化的美学规律。

3.4 船舶色彩设计

船舶色彩要针对不同船舶类型和船舶各部分的不同要求进行设计。只有明确色彩使用目的,才能正确合理地选择和配置色彩。例如,船舶的外观色彩设计是一项涉及功能、技术、心理、生理、文化、环境等因素的综合设计。根据这些因素的不同,对色彩三要素的侧重及配色要求也不同。船上的信号灯、安全防火设备应采用醒目的配色为宜;舱室内色彩应该采用中等明度、调和的配色为主。总之,船舶外观配色应满足性能、结构及美学要求,操作环境配色应能使操作者保持持续稳定的心理状态,居住环境配色应使乘客觉得安全、愉悦、舒适。

3.4.1 影响船舶色彩设计的基本因素

3.4.1.1 技术条件

① 涂饰工艺要简单、方便。现代船舶喷涂工艺要求涂料具有涂抹次数少并能完全覆盖的特点。使用色数愈少,工艺便愈简单,误差率也愈低。

② 调色容易。船舶涂色,尤其是外观涂色,面积巨大,不能一次完成,因而要求色漆生产时,混色过程简单,即色彩容易调配,大量混制也不会出现明显的色差。进坞检修时,便于配制相同色料进行修补。

③ 色料不易变色。随着技术的发展,各种新型防锈涂料不断出现。要求使用过程中,不改变色相,不褪色。另外,船舶航行于水中,季节和气候都在变化,色彩设计应考虑适应这些变化情况,并具有良好的耐磨蚀功能,以保证色调不变。

④ 光泽度不应太强。船舶的商品属性对于色彩的注目性要求不像电器产品那样需要明亮夺目以显示魅力,赢得顾客。炫目的色彩无论对航行还是停靠码头作业都不利。

3.4.1.2 功能条件

① 色彩易辨别、醒目。采用容易快速识别的调和配色,远看易分辨。在气候变化条件下,醒目的色彩能有效地保证安全,避免碰撞事故。

② 色彩与船舶的类型协调。不同类型的船舶有不同的功能要求,对于色彩的轻重感、速度感的要求也不相同。人们总是希望一目了然地分辨出正在航行或停泊的各类船舶,在尽可能短的时间内对船舶的国别、类型、大小进行识别,以利于管理。用色彩造型来实现这一目的,不但经济而且效果很好。各种船舶如军舰与民船、货船与客船,在色彩运用上都具

有各自的特点。

③ 色彩数量少。船舶作为一个整体形象，要求色彩数量尽可能少。这不单是一个技术问题，而是配色的基本要求所决定的。

3.4.1.3 配色条件

① 调和性。配色应该调和，应选用给人以美感的配色。

② 有利于操纵、驾驶。航行过程中，由于水域条件和气候条件的变化，特别是遇到一些险恶的环境，驾驶者有较大的心理负担，尤其在工作环境较差的情况下，易于疲劳或者产生消极情绪，影响操作准确性和航行安全性，所以操作空间应采用相适应的配色，才能保证人员的工作效率。

③ 有利乘客改善心理状态，提高舒适性和安全性。船舶是航行水面的部分封闭式建筑，乘客之间由于文化的差异，对色彩的心理反应也不尽相同。因此，色彩设计，尤其是内部配色须遵循一些共识的美学规律，充分利用色彩的各种心理效应，创造宜人舒适的视觉环境。

④ 与材质协调。船舶的材质在不断地变化，对民用船舶尤其是客船，在配色时，应着重强调配色的速度感、协调性。另外，铝合金及玻璃的大量采用，也要注意这些材质的色彩与其他色彩的协调。

⑤ 联想性。配色应尽量使人产生愉悦、轻松的联想。

3.4.2 色彩设计的基本方法

3.4.2.1 确定设计目的，选择主调色

色彩设计首先要分析任务书，从设计任务书中了解船舶类型、用途、航区，分析未来乘客的文化背景和社会背景。由于各种船舶的功能不同，配色目的和形式也不相同。例如，客船的外观色彩应该在保证视觉稳定的基础上增强动感，色彩明快、轻巧；而货船则要求给人以稳定、坚实的感觉。船舶的尺度不同，配色要求也不同。肥大型船舶，配色强调力量感、稳定感；尺度瘦削型船舶，配色要突出速度感、运动感。分析乘客背景的主要目的，是要保证船舶色彩与乘客的原有生活环境、风俗习惯、气质特征相协调，设计出具有本民族或本地方特色、具有独特风格的船舶。

另外，设计者还应了解国际船舶市场的变化情况。因为行业竞争是客观存在的，而成功的色彩设计是不允许抄袭的。国外许多企业都有自己的企业色彩，并对本企业色彩样本建立档案，以适应不同国家、民族、宗教习俗的特定色彩要求，在同行中取得领先地位。

设计者还应综合考虑船舶内部人员流动、通道走向、建筑布置、室内陈设的情况，分析舱室内部的建筑结构功能和物理环境功能，包括空间大小、形状，支柱的设置，舱壁和窗门的造型、布置，室内的设备设置以及光照条件、温度条件等，运用色彩的人机学功能，进行色彩设计。同时还要调查船舶内部人员的工作强度、心理状态情况，工作空间的大小、亮度、噪声等，通过色彩设计来改善工作环境。

通过分析，设计者找出哪些地方可以用物理方法加以改善(改变建筑尺度、改变局部结构、改变灯具配置、改变亮度等)，哪些是物理方法效果不好而需要色彩设计来完善的(如视觉适应条件、心理生理变化、视觉疲劳等)，由此来确定色彩设计的目的。通过对船舶功能及

物质技术条件、市场要求及配色规律的调查分析，并运用设计者的知识、经验和设计技巧，确定所设计船舶的独特特色并给人以强烈印象的主调色。主调色是指船舶整体占主导地位，体现船舶风格特征，反映设计思想的一种或几种（最多不超过三种）色彩构成的大面积色块。船舶主调色包括船体主调色、上层建筑主调色和舱室内部主调色等。主调色配置及效果见表 3-5。

表 3-5　主调色的配置及效果

<table>
<tr><th>色彩数量</th><th colspan="2">配置方式</th><th>色彩效果</th><th>应用类型</th></tr>
<tr><td>单色</td><td colspan="2">整体</td><td>简洁明了、整体统一、个性突出、单调</td><td>军用舰船外观色彩多采用铁灰、蓝灰、浅蓝灰，隐蔽性好</td></tr>
<tr><td rowspan="3">双色</td><td rowspan="2">配置位置</td><td>上下分色</td><td>上部用轻、软、亮、刺激小的主调色，下部用重、硬、不透明的主调色</td><td>一般货船的船体部分（不含甲板），上部多用明度高的灰色，下部用彩色</td></tr>
<tr><td>中间分色</td><td>在单色主调的基础上，船体或上层建筑插入一些鲜艳、醒目的色块、色带，产生流动和过渡感</td><td>以浅亮色（白、浅黄、浅蓝）为主调，插入一些高纯度和高明度的色条、色带或大面积装饰图案</td></tr>
<tr><td colspan="2">主次分色</td><td>船体显得突出、膨胀，次要部分用后褪色，形成立体层次</td><td>船舶烟囱等多用这种配色</td></tr>
<tr><td>三色</td><td colspan="2">两种类似色与对比色按顺序配置</td><td>多样统一、内容丰富，有较强的立体感和虚实感</td><td>某些游艇多采用这一配色，在内部主调色的选用中也常见，但各种色彩的面积和比重不全相同</td></tr>
</table>

主调色具有保持视觉稳定和平衡，产生心理上强烈快感的作用，具有很强的感染力和吸引力。要满足这一要求，在形式与功能统一的前提下，力求色彩新颖、醒目，符合人的心理和生理需求。从美感的角度来看，单一色彩的美感很低，在民用船舶中用得不多。

3.4.2.2　符合美学规律

设计者应按照美学规律，针对具体设计对象，创造调和或对比的色彩效果。色彩形式美的规律，概括起来有两点：一是调和统一的单纯美，二是多样对比的变化美。

① 与主调色的和谐。和谐是色彩对比调和的特殊统一性。一般原则为：大调和中有小对比，冷（暖）色总调中有小面积暖（冷）色；低纯度色中有小面积高纯度色。

② 与主调色形成均衡。色彩关系中，均衡是由配色的强弱、轻重、面积等形成的感受。如明色在上、暗色在下的组合，有安定平衡感。尤其是室内色彩较复杂，家具、灯具、丝织物在选色时要与墙、顶、地三大块主调色保持上下的平衡，色彩布置要求均衡有序，具有统一的形象。

③ 各种色彩的配置有一定的律动和节奏感。色彩三要素有规律地反复产生节奏，色彩的强弱和面积变化也产生一定的节奏感，如休息间、酒吧和家具的色彩与窗户和墙壁的色彩变化产生明暗交替的节奏感。

④ 主次分色。主次分色多用来突出表现视觉中心区、船名、重要标志。这些地方色彩面积小、纯度高、明亮，与主体形成强烈对比。如图 3-6 所示的双体客船，船名标志和烟囱采用白色，在红色船体上显得非常明晰，构成整个船舶的视觉焦点。

图 3-6 双体客船

3.4.3 船舶外观色彩设计

船舶作为一个整体，外观色彩必须与其存在的大环境，即航区、水文、天文条件等相适应。海船由于背景的单一性，船舶选色可以根据船舶自身的类型要求来确定，既可以是强烈对比的暖色，也可以是含蓄、深沉的复色；而内河船则应根据航行区段和周围情况来确定色调。

无论什么船，在选用外观色时，都要考虑辨色性即可视性和色彩对光照的反射情况。辨色性是指色彩是否醒目、是否易于觉察。一般情况下，船舶为了易于分辨，避免发生事故，要求具有一定的辨色性。辨色性是通过配色来实现的。军用舰船配色是为了创造战争环境中的隐蔽性和攻击过程的突然性，以达到保存自己消灭敌人的目的。而民用船舶相反，通过充分显示独特的色彩、显示自身的功能以突出个性，同时保证航行过程的安全性。辨色程度的高低与能见度基本上成正比。在船舶航行能见度差时，可视性要求更显得突出，因此，海上救援的浮袋、救生艇多采用鲜艳的橙红色。

色彩对光照的反射也是配色时要注意的。一般而言，色彩的反射率愈高，亮度愈高，提高色彩明度对提高可视性有一定作用。但也需避免反射过度，尤其是正午日照当空的海洋表面，光线很强，对人眼产生很强的刺激。通过合理的外观色彩设计，能够减少这种不良影响。各种民船的上层建筑目前流行白色或乳白色，其可视性比较好，但反射很强，并略显单调，如果在烟囱或桅杆等部位作些装饰性的色彩调整，对比效果将更佳。

各种船舶的外观色彩与船舶功能密切相关，综合各种情况，表 3-6 列出了各种船舶的配色方案，可供参考。

表 3-6 各种船舶配色方案

船舶类型		视觉特征与配色要求	配色	说明
客船	海船	高大,上层建筑发达,应该使人感觉平稳、安全、舒适,动中有静	水线以上以明亮、浅淡的冷色或暖色(按航行季节、区域选择冷暖色)为主调色,进行适当的装饰或色条分割	现代流行白、浅蓝、乳黄和淡粉色,并以同相的深色涂饰水下,纯色进行分割并以适度的纯色作为焦点色
	内河船	船体宽、吃水浅,上层建筑发达,多为开式结构,要求整体感强,平稳、安全、舒适	水线以上以明亮、浅淡的冷色或暖色(按航行季节、区域选择冷暖色)为主调色,可采用较大色块进行分割和装饰,以加强动感,同时注意整体感	结合水域和环境,以白色为主,一般客船倾向偏中性的浅绿、浅黄、乳黄色,旅游季节可选择偏冷的浅蓝色或偏暖的浅红色
货船		重点为船体,上层建筑较小,舱面设备较多,要求突出稳定、坚实的感觉,体现一定的机动性	船体以反射率低的色彩为主调色或以无彩色配合设计	主调色可采用各种深绿色、驼灰绿色、蓝色、暗红色,也有采用红、黄为主调色的,甲板以中性绿色或驼灰色为宜,可降低色刺激感。上层建筑流行白或乳白、乳黄色
邮轮		体量巨大,要求稳定、安全	以安全色和植物色为主调色。船体色可以与无彩灰色构成稳定的配色	现代邮轮多数以绿色作为船体和主甲板的主调色,浅淡的乳黄、乳白或白色为上层建筑的主调色,桅杆和烟囱等可采用偏爱的配色形成对比
救生船		一般处于船舷侧或尾部,要求提高可视性,便于救援人员搜索	采用安全色、警戒色,注意与船舶主体的相互协调,其焦点效果很强	以红、橙红色作为整体色
工程船		甲板表面设备构件多,竖向尺寸大,要求色彩能创造整体效果,并突出视觉的稳定性	船体采用硬、浊、重的色彩,工程设备采用同相的浅色,需要加强力感的局部可辅以深灰色或黑色,上层建筑仍以白色调和。色彩忌过多以免引起视觉的混乱,关键是突出整体感	船体宜采用黑、墨绿、深蓝、深灰色,满足稳定感和力量感要求,同时可以屏蔽舷边的构件和设施。为改变过于沉重之感,可以配一些色条来表现灵活性

续表3-6

船舶类型	视觉特征与配色要求	配色	说明
高速艇	强调速度感和灵活性，色彩要求明快、鲜艳	以各种浅色、淡色或白色为主调色，用高纯度鲜艳的原色进行分割	白、黄、红、绿都可以构成主调色，利用暖色的膨胀感、运动感和色块色条的渐变形式，创造强烈的视觉效果，以色条为主要造型手段

船舶外观除了船体和上层建筑及主要的桅杆、烟囱外，还有些附属的舱面设备和构件，虽然占整体色彩面积的比重不大，但是分布得比较散，如果处理不当将产生喧宾夺主的结果，从而影响整体效果。所以，要采取一些色彩屏蔽或整体协调的设计手法，如锚系、甲板表面管道、带缆桩、导缆钳等，不宜一味地用黑色。除了标准所规定的特殊用色外，可以采用与甲板统一的色调或与上层建筑一致的色彩。

总之，外观色彩设计重点在调和，保持整体感。在满足功能要求的前提下，可以参考有关色彩调和的处理手法，比如用无彩色和有彩色的搭配、同相色的组合等调和方法来进行设计。

3.4.4 船舶内部色彩设计

船舶内部色彩设计是以人机工程学理论为基础，依据劳动者心理、旅客心理和环境生理学对色彩的要求进行设计的，并且与外观色彩有一定的协调关系。尤其在外观色彩为高明度、高纯度色调时，内部色彩(特别是进厅)可选外观色彩的补色，这样人在进入船内时眼睛看到中性灰调，可得到暂时的休息。据统计，人在室内的总时间约占人生的95%，因此，室内色彩设计应予以充分重视。

船舶内部色彩环境可分为工作舱室色彩环境、生活舱室色彩环境和公共场所色彩环境等，功能要求不相同，配色方案也不同。

3.4.4.1 工作舱室的色彩环境

工作舱室色彩设计的主要目的包括：增加工作环境的亮度，保障工作的正常进行，提高工作效率；降低工作者的疲劳程度，避免发生事故，保证安全；提高工作者的愉悦感，提高舒适度，激发工作热情。

工作舱室色彩构成包括室内建筑构件色彩、电气设备色彩、控制和操作仪器仪表色彩等。

(1) 机舱色彩

设计者在进行机舱色彩设计之前，必须了解机舱内的物理功能，包括：

① 内部照明条件：灯光设施的种类与数量及安装位置，光照性质，温度、湿度变化及内部气体性质。

② 舱室的空间特性：机舱的几何形态，即地面面积、层次、结构形式、顶棚高度；工作面与光源的距离；空间的立柱数量与大小等。

③ 机舱设备的配置：地面和空间的设备、管道、机械和梯道等的配置。

了解这些情况的目的是确定主调色和进行色彩分割，以及屏蔽视觉上的不安全结构。

机舱内一般都比较拥挤，地面、天花板、墙壁等，在视觉上都被各种管道和设备分隔开，不能成为大面积的主调色块，因而，机舱色彩环境可以围绕主机形成主调色，然后进行配色。

另外，色彩在机舱内的作用还包括形成视觉整体感。机舱内设备虽然很多，但是配色数量不宜过多，除安全规范有特殊要求的管道和设备外，应尽可能做到统一、调和，以同色或同相色为主。由于机舱不设装饰围壁，所以，船体构件的尖角、凸缘、加工毛刺等暴露无遗，而且，一些运动构件、电器元件等都给人造成一种心理上的危险感。这些也要通过色彩的明暗、深浅和分割进行遮掩和屏蔽，以消除这些不安定的非生产性视觉干扰。

设计者还需熟悉工人的工作心理，即对机舱内的维修、监测、管理等工作，工人是否厌恶、是否喜欢；了解工人体力劳动的强度大小，是否采用了集中控制的管理方式，机舱内的安全情况如何等。

环境色彩对改善工作人员心理状况有很大的作用，应根据上述情况进行有针对性的配色。

色彩设计的主要功能在于改善人机关系，对采用集中控制的机舱，由于人在其中工作的时间相对较少，所以，色彩要求相对不高，主要从实用和经济等方面考虑色彩；而对普通的机舱环境，就应充分考虑色彩的人机调节作用。

机舱在适宜的亮度条件下，可以参考下面的配色：顶棚色彩要考虑到灯光效应，并且要尽可能加大视觉空间高度，以抵消压抑、狭小的环境影响，可以选用明度 9～9.5 的色彩，如白色、淡青色、高明度的蓝绿色等。高明度色彩的光反射率也高，能使由光源来的光束发散，有利于提高整个舱内亮度，主机或舱壁色彩为机舱的主调色。大面积色彩和适合墙面的色相可以从 2.5Y～10B 范围选。从人的生理角度来说，绿色、黄绿色和蓝绿色对人眼好，不易引起视觉疲劳，色相选择可以此作为参考。这一类色彩的视觉特征通常是扩大空间，有后退感，对改善工人的视觉疲劳有一定作用。另外，主机与舱壁的色彩也应相互协调。舱壁色彩的明度应比顶棚的略低，在 7～9 之间(主机用色应考虑避免强反光，明度应比舱壁的再低一点)，能反射从光源来的直射光。舱壁色彩纯度不宜太高，在 0.5～2 之间即可。地面色彩不宜过亮(明度为 5～6，纯度为 2～3.5)，过亮产生的反射会使人产生不安定感，犹如在雪山上行走。地面色彩也不宜太暗，太暗则阻碍了光束发散，舱内亮度便会降低。地面色相与墙面色相应保持调和。机械设备色彩明度约为 6.5，纯度为 0.5～2.5。色相与地面的应略有差别，明度也略高于地面的，有一定反差。机舱的空间相对比较拥挤，噪声、油、气对空气的污染程度较高，工作环境相对比较差，工作人员体力、心理和视觉负担都比较大，有必要运用色彩联想加以转移，主要办法是选定各部分的色相和纯度，在标准照度下，控制反射，提高亮度。

(2) 驾驶室、集控室色彩

驾驶室处在全船的最佳位置，照明和空间特性都比较好。集控室虽邻近机舱，但由于采取了结构上的保护措施，工作条件也比较好。这类舱室色彩设计的主要目的是减轻工作人员心理不适和视觉疲劳。驾驶室人员需要观察舱室内外各种情况，视线经常在室内外进行切换，受到外界光反射、色变化的干扰，从明到暗、从暗到明，眼睛需要在短时间内适应。如果这种视线切换频繁时，眼睛对色彩的分辨力会大大降低，引起误读、误判直至误操作。集控室内工作人员的眼睛长时间注视各种仪表和显示器、控制器，很容易引起视觉疲劳。所以，这类舱室色彩设计的要求如下：

① 能根据室内光照特性提高照明效率；

② 能减少色彩的强对比，缓解眼睛疲劳；

③ 能创造舒适、亲切而调和的色彩环境；

④ 配色的效果能适应工作人员心理需求；

⑤ 有利于提高工作人员的工作效率。

顶棚色仍是全舱室明度最高的色，宜尽量提高色彩亮度，为孟氏 8～9。色纯度不宜过高，顶棚色彩相应保持与墙壁色彩协调。

驾驶室如全船的大脑，集控室如全船的心脏。驾驶室的墙壁色彩应体现出大脑的丰富、成熟等内涵，而且能使人保持一定的激情，可采用柔和的黄绿调复色。

集控室由控制仪表、控制台色彩形成主调色，多数为绿色，但面积太大，四周相同，看久了会让人觉得疲劳，所以，工作台面配色应适当变化，大面积墙面可选用与驾驶室类似的色相。明度低于顶棚的 1～1.5 个级差，纯度也不宜太高，为 1～2.5。如果装饰墙裙，一方面能保持清洁，另一方面可形成一定的对比。一般墙裙的明度较上部墙壁稍低，色相与上部墙壁的相同或类似。地面色彩的明度比墙壁的低一个等级，色相与之调和。地面或者墙裙可采用木板装饰，但明度略显低(尤其是原木)，在 4 级以下；色相 2.5～10YR，或 2.5～5PB。另外，操纵控制系统的局部色彩设计以突出对比为主，提高辨认度。对工作台表面和室内色彩的亮度，可参考下列要求进行设计：

① 如果工作台表面较暗(色彩明度<1)，室内色彩明度不宜太亮。换言之，工作台表面最好不要太暗(指仪表的视亮度，而非背景色亮度)。仪表观察要求细致地区分色彩和色调，所以，仪表盘面亮度一定不低于环境亮度。

② 如果工作台表面具有中等亮度(色彩明度 1～3.5)，室内色彩明度应比工作台表面的稍亮一些。

③ 如果工作台表面发亮，室内色彩则应近似白色。

驾驶室一般都装有大面积玻璃观察前窗，亮度较高，工作台表面色彩的明度主要靠创造局部对比的方式进行配置。控制台表面采用不反光的墨绿色背景，仪表盘面色彩明度与环境色彩明度基本相同。通过明度对比，形成局部亮度差，保证了工作表面的相对辨认度，降低了视觉适应过程的影响。

集控室的光环境和色彩环境都是人工形成的，不利影响主要是视觉单调和缺乏适度的心理刺激。为了进行调节，可以在地面色彩配置时，采用具有补色效果的低纯度和明度的地毯和不反光木贴地板，以平衡视觉心理，使眼睛得到一定程度的休息。海图室、罗经室、报务室等，可以参考上面情况并按需要进行色彩配置。

厨房、库房等舱室色彩相应与使用功能、材料、设备保持色彩协调关系，如厨房内的不锈钢炊具和餐具散发着阴冷的气息，并产生反光，容易引起视觉疲劳，另外厨房内光线不足，工作条件不好，因此应采用明度较高的色彩，如黄、浅绿、浅桃红，地面、墙面色彩采用与器皿成补色关系的浅色。

3.4.4.2 生活舱室的色彩环境

生活舱室是以人为中心的空间，色彩造型的主要目的包括：创造开阔、轻松、宜人、舒适的生活环境，尽可能减少压抑感；创造人与自然相和谐的环境，调节人的情绪，使人保持良好的心理状态；保持适度的刺激感，营造活跃、愉快的气氛，提供有秩序的娱乐环境。

生活舱室的色彩构成主要包括建筑构件色彩(天花板、墙、地)、家具色彩和装饰物色彩。这类舱室的空间大小和形态、自然采光量、通风量等物理条件都应是全船最好的。所以，色彩设计的主要任务是创造宜人舒适的心理空间，如进一步削弱空间的压迫感，将色彩成分复杂、形态比例不统一、位置可调的家具进行色彩的调和配置，形成居住舱室的整体风格和艺术特色；运用自然、柔和的色调，创造和谐的色彩环境，使人感觉宾至如归。

根据上述特点和要求，室内用色应采用统一的主调色，既有对比又能调和的调节色，引导视觉、刺激视觉的焦点色，应合理配置色彩，以满足统一与变化的基本要求。客船生活舱室配色见表 3-7。

表 3-7　客船生活舱室配色

舱室	色彩构成、色调功能和心理要求	色要素	调节色	焦点色
一般舱室	主调色由天花板、墙壁、地板和大面积丝织物色彩构成；家具色和灯光色为主要调节色；室内装饰品、标志色彩为焦点色。主调色应具有淡雅、温馨和舒适的视觉和心理感受。地板色要求耐脏；天花板色能够扩大空间，消除压抑感。选用复色为主调色，这样既不太刺激，又不过分沉重，体现一种成熟、含蓄的风格。色彩亮度适中，有一定透明感和自然气息。顶、墙、地面的色彩明度依次递减。焦点色增强视觉效果，选用色彩对比强的饰物和绘画，使色彩既有变化又有统一	以中性、中等明度、低纯度色，如黄绿（1.5Y4.3/3.5）为顶、墙色，地面为同相暗调色	家具色采用近似地面色或灰绿色为主调；丝织物以乳白、银灰色为宜。采用空调的室内可选用暖色系，如淡红色、肉色等。灯光色按季节和室内风格要求选用冷色或暖色光	以装饰花或绘画引导人与自然的联想
特等客房	色彩构成和心理要求同上，更突出雍容华贵、大方脱俗的风格。因为室内设有空调，所以色彩可以按需而定，或者根据客源的分析、归类，分别配置主调，形成不同风格	色相以中性偏暖为主，如淡紫色、米黄色、浅驼灰色，明度 5 左右，低纯度。地面可采用红棕色地毯或木质地板	家具采用深色，如墨、深褐、红木色等，窗帘要求能反映“夜之深”、“朝之明”。内藏式顶灯可采用白光，其他灯具可配以乳黄色丝罩	
观景室	以顶、地面和落地大玻璃窗色彩形成主调色，家具、灯饰色彩为调节色，要求创造优雅、舒适、开阔的空间，既具有较高的亮度，又能适当抵消一部分直射光线。针对不同要求可以采用暖色调或冷色调等不同的风格。一般情况下，旅游多在夏季，观景室同时作为休息室，可采用偏冷的主调色	中性偏暖：米黄色、淡粉色、乳白色顶、墙壁；淡茶色玻璃；铁红色或木质本色的地面。 中性偏冷：淡青色、淡蓝色的顶、墙壁；蓝灰色、墨绿色的地面；淡蓝色的玻璃，明度 5～6 级，低纯度	暖色系家具以木质本色、棕黄色、棕色为宜，配以白色家具罩布；窗帘色与墙壁色相同或类似；采用黄色光顶灯或吊灯	花木、盆景、装饰画色彩以自然色为主，配以小面积对比色

续表3-10

舱室	色彩构成、色调功能和心理要求	色要素	调节色	焦点色
娱乐厅、舞厅、俱乐部	以顶、地面、窗及窗帘色彩构成环境主调色，灯光色也在其中扮演重要角色。色彩应表现活泼、热情，呈现欢乐、温馨、轻松、豪华的风格特点，具有较强的动感和一定程度的刺激性。同时从商业角度考虑，为加快周转，改变客人的时间感，宜用暖色或中性偏暖色为主调色。舞池可以采用拼花木质地板，显得豪华、典雅，灯光可以设计成可调的形式(亮度、方向、色彩)，大厅立柱、家具以无彩不锈钢为宜，显得高贵气派	公共空间以暖色为基准色，明度中等，纯度中等，如肉红、淡铁锈红、木质本色等	不锈钢桌椅，红色靠垫、坐垫	引人注目的可变色灯光，利用色彩的显色性，根据目的调节色光
进厅	以顶、墙、地面色彩为主调色，服务台、装饰画色彩为调节色。体现华丽、轻松、简洁、有序、调和、宜人的风格，可以适当加强对比，让人产生深刻印象。要求扩大空间感，亮度能使眼睛迅速地过渡和适应。可以安装大面积玻璃和金色反光天花板，利用错视加大空间感	普通客船及其他船舶进厅以明亮的中性或偏冷色系为主调色，旅游船可用反光透明(顶、壁)为主调，显得气派、豪华	不锈钢桌椅，红色靠垫、坐垫	
餐厅	表现热情、舒适、整洁大方、明亮宽敞、具有特色的风格。色彩注意与饮食心理、生理特征一致，有一定的变化，忌用全相色。注意光与色的配合，因为采光不良，既影响色觉又影响食欲	主调色以中性色为宜，如浅黄绿色，使人感觉香甜美味，明度中等，低纯度	家具色分冷暖两组，形成局部空间，以适应不同客人。桌面配以同相淡色或白色桌布；灯光以黄色调为主，亮度适中	配以橙色主调色，以食物为主题的绘画
过道	加快人员流动，扩大视觉空间，减弱低狭感。顶部可利用镜面反射效果，采用反光材料，加大空间感	可选用淡青色，提高明度	灯光的亮度较高	

思考题

1. 什么是色？什么是光？

2. 色彩三要素是什么？

3. 什么是色彩三原色？什么是色光三原色？

4. 什么是间色？什么是复色？

5. 什么是色立体？色立体有什么作用？

6. 举例说明一下色相对比在造型设计中的应用。

7. 如何采用色彩调和方法进行船舶外观色彩设计？

8. 船舶色彩设计的基本方法有哪些？

9. 船舶外观色彩和舱内色彩使用的特点分别是什么？请举例说明。

10. 色彩心理、生理效应有哪些？

4　船舶外观造型设计

4.1　船舶外观形态与设计要素

外观是最容易被人记忆的形象。船舶造型形态是通过外观表现出来的，外观能够体现船舶的物质功能和精神功能。因此，船舶外观形态应与船舶的功能和风格和谐统一。首先，船舶外观形态应真实地服务于功能，有效地反映船舶的性能要求，体现速度感、平稳安全感和整体感效果；其次，船舶外观形态必须生动地反映船舶的风格特色和艺术形象。船舶外观造型的目的是在一定物质技术条件下创造完美的形象。

通常，船舶外观形态是在方案设计及性能估算的基础上，由船舶主体轮廓、上层建筑和舱面设备与构件的布置情况得以体现，它包含外观形态和外观色彩造型两项基本内容。

4.1.1　船舶外观形态

4.1.1.1　船舶外观形态造型的基本要求

船舶外观形态造型的基本要求如表 4-1 所列。

表 4-1　船舶外观形态造型的基本要求

基本要求	说明
以功能为主导	(1) 保证船舶的技术指标(航速、稳定性、浮态等) (2) 保证足够的强度、刚度和安全性
艺术心理	(1) 符合美学规律，具有协调统一的整体形象 (2) 符合大众的审美心理 (3) 色彩调和
经济、合理	(1) 形态结构和工艺结构一致，材料运用经济合理 (2) 标准化、系列化、通用性程度高 (3) 有助于提高市场竞争力

船舶是反映国家综合科学技术水平的工业产品，具有综合、复杂、涉及领域广泛的特点。各种设计要素之间联系密切，互相影响。它与机电产品和艺术品相比，具有自己的特点与个性。

① 外观形态受功能的影响。例如，技术指标往往取决于船舶的主尺度和首尾形状；上

层建筑的位置、长度受制于主机布置情况，而机舱大小和形状又影响其他舱室和整体形态；上层建筑的尺度受到重心高度、受风面积影响等。

② 外观形态受结构强度的影响。上层建筑的形式与强度关系密切，例如，上层建筑的结构形式影响船舶的总强度，为改变强度而设置的横穿全船的过道则影响上层建筑的分割形式和舱室布置。

③ 外观形态受材料与工艺条件的影响。形态造型的落脚点主要在建筑形式，而建筑形式受材料和工艺条件的影响。例如，铝质与钢质上层建筑在形态构成和质感表现上是不同的，因而造型方法和形式也不同。

加工工艺是造型得以实现的手段，是加工技术、技巧和艺术的结合。一定的工艺手段产生一定的形态。例如，铆接和焊接工艺，其连接形式、过渡方式、表面处理均不同。现代船舶工艺将焊接、喷涂、装饰互相结合、补充，使材质美与工艺美有机地结合，促进了表面造型的美学效果。

④ 外观形态受造船规范的制约。造船规范是保证船舶实用和安全的强制性约束，因此，形态造型的处理也必须在规范允许的范围内进行。

4.1.1.2 排水型船舶的基本类型

船舶有多种类型，由于功能、性质、结构和使用环境的不同，它的形态、风格、体量也不相同。表 4-2 所列为现代主要排水型船舶的外观形态及特点。

表 4-2 排水型船舶的外观形态及特点

<table>
<tr><th colspan="2">船型</th><th>外观特点</th><th>造型风格</th></tr>
<tr><td colspan="2">散货船</td><td>结构形式已基本系列化</td><td>简洁、朴实、庄重、稳定</td></tr>
<tr><td colspan="2">集装箱船</td><td>大开口、较长平行中体</td><td>以标准箱为尺度模数确定船舶尺度，简洁有序</td></tr>
<tr><td colspan="2">油船</td><td>长宽比不太大，舱面有管道和步桥</td><td>庄重、稳定</td></tr>
<tr><td colspan="2">游艇</td><td>流线型、斜直线型</td><td>动感、整体感极强</td></tr>
<tr><td rowspan="5">客船</td><td>开放型</td><td>两舷有外走道</td><td>虚实对比、有节奏感，但整体感稍差</td></tr>
<tr><td>北大西洋型</td><td>直首柱、烟囱高大，为全船的视觉重心</td><td>陆地建筑特征移植船上，高大气派，速度感不强</td></tr>
<tr><td>综合型</td><td>前(后)开，后(前)闭</td><td>有对比、有调和，生动活泼</td></tr>
<tr><td>箱型</td><td>船体和上层建筑直线过渡，如箱体</td><td>简洁、明快，整体感和时代感强</td></tr>
<tr><td>阶梯型</td><td>首尾逐层内缩，如阶梯</td><td>具有动感、稳定感，轻快、整体感强</td></tr>
</table>

船舶主体主要通过首尾形状、甲板轮廓线和舷弧线表现外形。首尾形状主要取决于功能要求；甲板轮廓线、舷弧线的形状视船舶类型和航区不同而不同。海洋风浪大，甲板易上浪，所以，海船的甲板轮廓线、舷弧线要光顺，外观形态主要表现昂首向前的速度感，分布应注意均衡、稳定。

4.1.2 船体首尾端形状

4.1.2.1 船首

根据不同类型船舶的功能要求，船体首尾形状不同，常见的船首形状如图 4-1 所示。

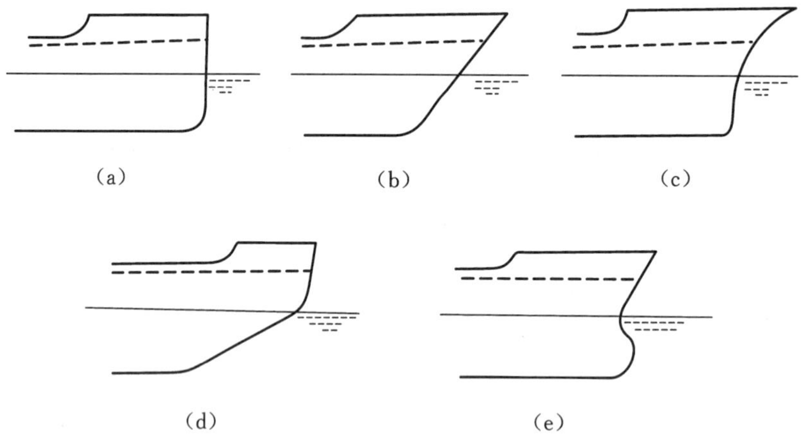

图 4-1 常见船首形状

(a)直立型；(b)前倾型；(c)飞剪型；(d)破冰型；(e)球鼻型

船首造型的主要目的是配合船舶技术要求，创造一种静中有动、均衡坚实的前进感。表现手法主要通过线(首柱)的曲、直、斜、立来产生变化，形成视觉刺激，在人的大脑中产生速度与前进的联想。

通常，船首有直立型、前倾型、飞剪型、破冰型、球鼻型等形式。

(1) 直立型

直立型的首柱呈直线状，与基线垂直或接近垂直，表现了很强的力度，视觉上有后倾趋势。

(2) 前倾型

前倾型的首柱呈直线前倾或微曲前倾。这种船首能扩大船首甲板有效面积又不易上浪，发生碰撞时，能使船体水下部分受到一定程度保护，视觉上具有速度感、前进感和一定的力度，制造工艺简单，现代钢质船舶常选用这种船首。

(3) 飞剪型

飞剪型的船首水线以上呈凹形曲线，有较大的首外飘，显得优雅、轻巧，具有速度感。这种船首不易上浪，甲板面积扩大，有利于设备的布置。常为远洋大型客船、货船所采用。

(4) 破冰型

破冰型的首柱呈倾斜状，与基线夹角约 30°，主要用于破冰船和冰区航线航行的船舶。

(5) 球鼻型

球鼻型的水线以下首部前端有球鼻型突出物，对快速船舶和肥大型船舶有改善兴波阻力的功能，军用舰利用球鼻安装声呐设备。由于球首在水下，所以对船体外观形态的影响不是很大。

4.1.2.2　船尾

船舶尾部造型的视觉效果也要求产生动感，表现前进性。通常，船尾有巡洋舰型、方尾型等，如图 4-2 所示。

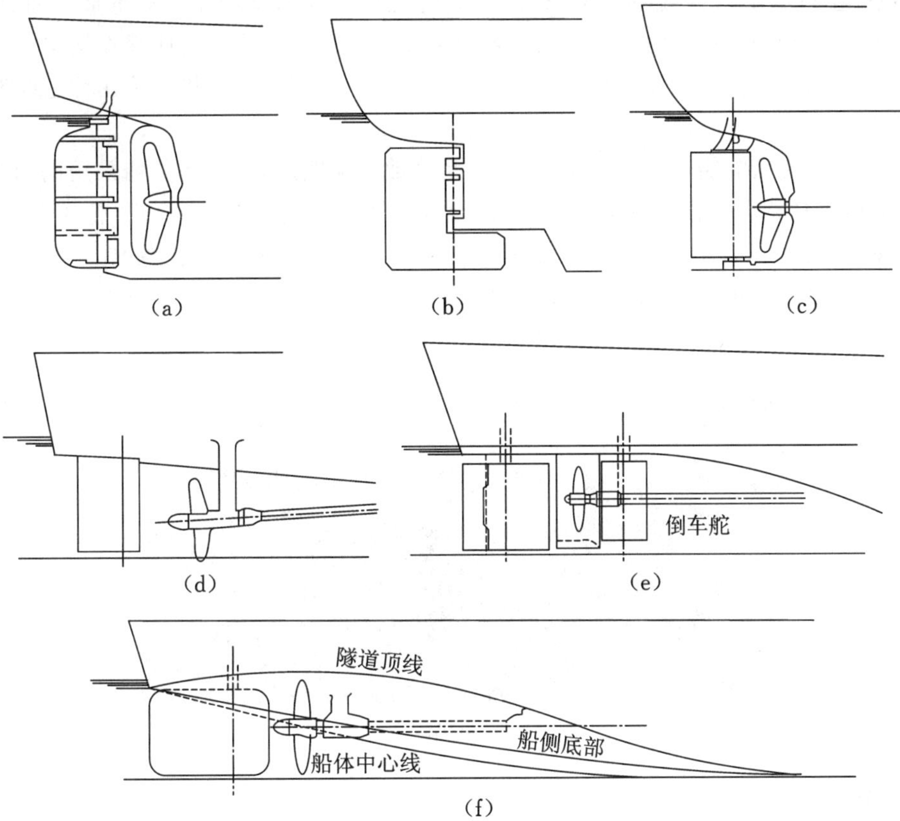

图 4-2　常见船尾形状

(a)悬式船尾；(b)巡洋舰船尾(双桨)；(c)巡洋舰船尾(单桨)；(d)方尾(双桨)；(e)倒车型尾(双桨)；(f)隧道式船尾(双桨)

巡洋舰型具有光顺曲面的尾部，水平剖面呈半卵形。由于水线部分的加长，有利于减小船舶阻力，并具有保护舵和桨的作用。方尾型(包括切平巡洋舰尾)是二战中产生的尾型，加工简单，显得生动有力。尾部有尾封板，体现了简洁果断的现代风格，产生很强的力度和推进感，为现代船舶广泛采用。

首尾造型形式主要取决于船舶的技术性能。实践证明，上面提到的各种首尾形式具有广泛的适用性并且有成熟的技术保证。这方面要有重大的改革或创新，必须从技术性、经济性等多方面进行大量论证和可靠的船模实验，才能在生产实践中加以推广应用，即造型必须与技术设计、经济分析配合、协调。

4.1.3　上层建筑造型的影响因素及结构特点

上层建筑是指上甲板以上各种围蔽建筑物的总称，通常分为船楼和甲板室，它是船舶外观最有表现力的部分，这部分建筑形式随船舶类型的不同而变化。船楼是指上甲板上伸至两舷或距舷边距离小于 4％船宽的上层建筑，大于 4％船宽的上层建筑称为甲板室。通常，甲板室两侧壁不延伸到船两舷，即留有外走道。外走道的设置，方便人员在甲板上的首尾通行，上下船方便，还有利于旅客在外走道观赏风光。

上层建筑造型设计，主要从功能需要、技术性能改进、建筑布置和安装要求等方面考虑，此外，还与下面一些因素有关。

① 机舱位置的影响：在船舶总体设计中，机舱位置不仅影响船体内部舱室的划分、结构形式，也决定了上层建筑的造型形式，因为机舱的排烟、通气和采光设计都直接与上层建筑的位置与形式相联系。船舶按主机安装部位分尾机型、中尾机型、中机型等几种主要形式。

a. 尾机型

尾机型是现代运输船舶主要的布置形式，是多数运输船舶，特别是货船采用的机舱布置形式(图 4-3)。其特点是轴系效率较高，无需设轴隧舱；船体空间利用合理，便于装卸管理；船体结构的连续性、工艺性好。这种形式决定了主体上层建筑的船尾位置，体量分布比较均衡，动感较强；舱面设备排列有序，具有节奏感。

图 4-3　尾机型货船

b. 中尾机型

大型船舶和双机双桨型船，多采用中尾机型。它的上层建筑随之前移，形成长尾楼式上层建筑。它保持了尾机型部分优点，适居性比尾机型好。许多滚装船、集装箱船和客船采用这种形式，如图 4-4 所示。

图 4-4　中尾机型集装箱船

c. 中机型

中机型是客船与小型船舶的主要布置形式。由于浮态调整的需要，这类船将机舱置于船体中部。中机型船上层建筑中部发达，视觉稳定性强。

② 舱室布置的影响：居住舱室、工作舱室、设备布置等都需要有足够的甲板面积，因而舱室的面积大小、甲板层数及甲板间高，是决定上层建筑尺寸的又一重要因素。

③ 重心高度的影响：上层建筑发达的客船和客货船，尺度对重心高度影响很大。关系到船舶的稳定性，重心过高，使船的稳定性下降，对船舶的使用性能及安全性不利，重心高度是决定上层建筑高度的重要因素，须严格控制。

④ 受风面积的影响：上层建筑发达，其尺度相对较大，随之增大了受风面积，使风压力矩加大，影响船舶的大倾角稳定性和停靠码头的难度，因此要适当地加以控制。

⑤ 驾驶室位置及可见度的影响：上层建筑高度和位置，决定驾驶盲区的大小。所谓驾驶盲区，是驾驶室前方的船体和结构物的阻挡，使驾驶员看不见前方海面；盲区长度，是指驾驶员眼睛到舷墙顶点引直线与水面交点到首柱的距离，如图 4-5 所示。通常客船的盲区长度为 0.6～0.7 倍船长；货船和油船的盲区长度满载时为 1.25 倍船长左右，压载时约为 2 倍船长；集装箱船盲区长度要求不大于 2 倍船长。

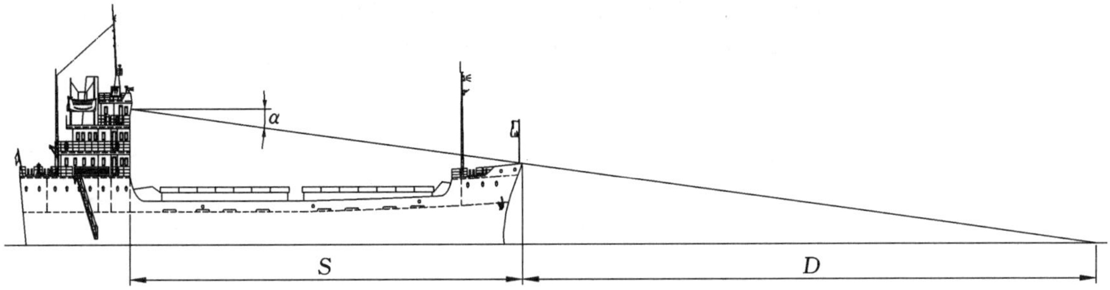

图 4-5 盲区示意图

⑥ 其他因素的影响：内河船舶除上述影响因素外，还要考虑航程以内的船闸、桥梁对上层建筑的高度限制，以及舾装设备的布置空间等。上层建筑的层数和层高没有强制性的规定，一般小船 1～2 层，大船更高，层高按法规要求不低于 1.9 m。

上层建筑造型设计在总体布置上首先考虑整体线型，各种不同窗、门既要与内部功能相适应，又要在侧面上表现一定的规律性与整体感，不能有凌乱和分散感觉，设计时应侧面与平面同时考虑。

4.1.4 舱面设备与构件形态

舱面设备与构件，主要包括桅杆、烟囱、救生艇、梯子、船名牌等。这些设备和构件形态多样、功能不同，因而造型各异，必须注意形体简洁协调，不产生零碎烦琐感。总的要求是整体做到变化之中有统一，保证均衡与协调。

4.1.4.1 桅杆

桅杆用来安置信号灯具、通信天线、旗号和其他安全航行标志。按功能不同分首桅、主桅(中桅)和尾桅；按造型分有单桅、塔桅、门桅、三角桅和烟囱桅等。现代桅杆造型见表 4-3。

表 4-3 桅杆造型

名称	结构特点	造型特征	应用
单桅	上下变化不大的锥体	简单、轻巧、灵活	多作首桅或小型船舶桅杆
塔桅(角锥桅)	由钢板围成的塔形建筑,刚度好,占地少	稳定、刚健、有力	各种船舶
门桅	门架式结构,可兼作起重柱	刚健,多功能	某些货船
三角(四角)桅	桁架式结构,受风面积小	稳定、轻便,节奏感强	高速舰船
烟囱桅	二合一,占地省,重心低	简单、和谐、稳健	

4.1.4.2 烟囱

烟囱是船舶上一个极显著的视觉焦点。蒸汽时代船舶的烟囱造得又高、又直、又大,既是功能上的需要,同时也是造型中着重表现的部分,看上去显得威武、高大、挺拔。内燃机替代蒸汽机,烟囱的使用功能已经退化,排气管道占用的实际空间非常有限,甚至有些船舶烟囱已经失去了使用功能,其所以存在主要是造型和视觉上的需要。表 4-4 列出了现代船舶烟囱的基本形式及特点。

表 4-4 烟囱的造型

类型	结构特点	造型特点
直线型	箱型、纪念碑型	直线轮廓,工艺性好,有力度,突出刚劲和力量感
曲线型	圆柱形	粗大、挺拔,引人瞩目,斜置显得灵活,有动感
流线型	宽高比 0.7～1.0	流畅、协调,有一定对比感,多见于现代客船、游船
综合型	以直线为主,综合各种类型	有动感,有力感,多见于现代客船、游船

由于烟囱能反映船舶的个性,人们常用比拟的方法进行设计,使人看后产生联想。国内某船的烟囱采用卡通海鸥的造型(图 4-6),使人产生大海之岛的联想,有一种贴近自然、轻松舒适的感觉。由广船国际制造的豪华客滚船“MOBY FANTASY”号(图 4-7),将大小不一的管道隐藏在烟囱的围蔽之中,使原来比较零乱无序的主体与烟囱围蔽形成统一的整体,有利于外观的统一性。

图 4-6 邮轮的卡通海鸥烟囱

图 4-7　豪华客滚船“MOBY FANTASY”号

烟囱的特定位置，是船舶标志的理想处所，设计者往往结合标志设计对烟囱作装饰处理。

4.1.4.3　起货设备

在设有起货设备的船舶上，起货设备所占的比重相当大，而且不易与船体造型风格统一。因为功能要求的不同，设备的形态、尺度和数量也不一样。例如，起重柱有 T 型、人型、V 型、门型等，尤其是大型起货设备，高大粗壮，视觉稳定性较差。因此，在造型设计上要结合功能要求进行布置。

图 4-8 所示为散装货船，其直立的起重柱、水平放置的吊杆和舱口盖之间形成高低、粗细、宽窄和色彩对比协调的韵律美。整套起货设备所占据的“虚面”与上层建筑构成的实面形成整体的虚实感和对比的均衡感。

图 4-8　散货船起重柱

4.1.4.4　其他设备

(1) 锚设备

各种锚及锚穴相对整个船体而言体量很小，但有着“点睛”之妙，能改变首部的视觉形象，使之生动、有趣。

(2) 救生设备

救生设备造型取决于它的功能和相关标准要求，而设备的布置在满足使用要求的前提下，可按一定的美学形式法则进行布置、排列。

(3) 其他

在上层建筑和舾装设计的造型要素中，还有一些如船名牌设计、栏杆形态及布置等，要求进行造型处理。

4.2 船舶外观设计法

4.2.1 确定形态构成与船舶风格

优秀的外观造型，必须考虑形态与结构两个设计要素。形态设计须选择确定比例与尺度，结构设计则是为了保证产品的功能，形态和结构须同时考虑、同时进行设计。

4.2.1.1 船舶的形态构成与特点

(1) 货船

货船形态构成基本上由首、尾、中体和上层建筑等四部分组成。这种划分不是绝对的，几部分的相对位置也因船舶类型不同而有所变化。这几部分体量较大，它们之间的比例与尺度协调程度决定了船舶外观美的程度。因为主体外观尺度主要受技术性能、结构和船舶规范的限制，所以要与技术设计同时进行，兼顾考虑。

(2) 客船

客船的形态较货船的形态要复杂，变化也更多，主要包括首、尾、中体和各层甲板间的建筑体，如图 4-9 所示。图 4-10 所示海洋客船外观造型的各部分之间既有纵向的造型比例关系，也有垂向比例关系；其主要形态特点是上层建筑发达，造型设计须体现稳定、均衡的视觉效果。客船的各种比例关系、体量大小相互关联，造型方法上更加强调变化之中求统一。

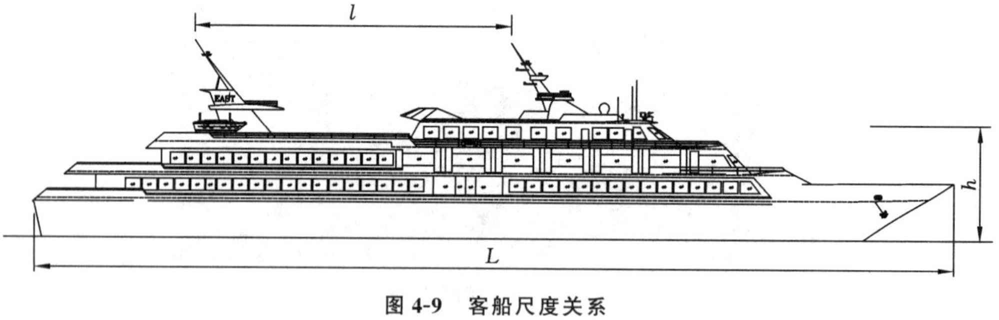

图 4-9 客船尺度关系

4.2.1.2 线型风格

船舶作为水上流动建筑物，应具有动态的美。轮廓线型设计上必须考虑各种动态，在动态中不失平衡感，特别是轮廓竖向线型应作适当处理，矫正视觉中心。同时，注意各部分的体量平衡分布，轮廓显示为流畅自然的曲线或一定规律变化的几何曲线。

所谓线型风格即由船舶的轮廓线条反映出的船舶特征和个性。例如，长江船舶应能体现长江这一特定的地域风格特征。长江为中国的第一大河流，是中华民族的主要发祥地之

图 4-10　海洋客船造型

一,具有丰富的人文景观,长江流域是中国经济发展的重要区域。长江船舶的外观造型应能够较好地体现这种民族的风格,创造与客观环境和时代背景相融合、相协调的视觉形象,表现一种既气贯长虹、一泻千里,又秀美精湛的风格。外观应具备高速、轻巧、秀丽的形象,比例和尺度上尽可能产生狭长、高度适中的视觉效果,色彩和构型上反映快速和流动的特征。

风格的形成主要依赖于线条及色彩的运用。如直线能体现现代风格;色彩反映某种民族、人文倾向;材质则表现某种气质和技术水平。其中,线条的运用起着主要的作用。各种不同的线条形成船舶的主要轮廓,通过视觉感受使人产生不同的联想。例如,长江船舶从技术性能考虑,在运用线条时,宜较多地采用水平线和小角度斜直线,在视觉上强化长、窄、低的效果,以增强快速感和稳定感。

(1) 客船

客船由于布置的需要,其上层建筑结构形式比货船的复杂。另外,客船线条变化也应更多样。客船的侧面以水平线为主要造型要素,即船体各层甲板和色彩分割均以水平排列为主调。这样,给人以平稳、开朗、平静、安全的感觉。将人的视线引向横向,产生宽阔的视觉效果,能使人得以休息、放松。图 4-11 所示为一艘内河旅游客船,在造型风格上下了一定的功夫。设计者通过线条的曲直变化,确定了“现代浪漫型”的外观风格。从效果上看,舷侧流线型、有节奏变化的撑杆造型,给人一种优雅的感觉。

图 4-11　内河旅游客船造型

有的客船采用整体流线型、大圆弧向两舷过渡的造型，既充分考虑阻力影响，又显得优雅、流畅，有极好的整体视觉效果，这种风格为许多高速小艇的造型所采用。有的客船采用方箱尾，整个上层建筑为一平面构成的长方体，配以直线型的桅和烟囱，具有简单干练的现代风格，整体感很强，具有劈波斩浪的力量。有的客船采用曲线配合阶梯形的造型，上层建筑首尾两端呈大圆弧或流线型过渡，逐层收缩，显得流畅并具有很强的速度感。有些客船刻意仿古，让人产生联想而独具自己的风格。因此，客船首尾形式多种多样，从而使得客船造型不拘一格，各具特色。

(2) 货船

现代货船多数采用直线造型风格，尤其是上层建筑，基本上都采用方形平板化造型。这种线型构成了平稳、安定、沉着、庄重的风格；且加工简单，经济实用，颇具现代人简练、高效、快节奏的风格。实际造型过程中，在长方体基调上可演变出不同风格的形体结构。在构成轮廓的具体处理上，小曲率过渡、曲线与直线的演变过渡、斜线和平直线的综合运用，形成了静中有动、动静结合的意境，克服了矩形过于呆板的缺陷，使船舶线型变得多样，在严肃、庄重的气氛中透出轻快、自然的情趣。

图 4-12 所示为集装箱船，它的矩形上层建筑与船舶主体之间形成互相垂直的视线方向，构成方向对比。由于体量大小的不同，整船显得简捷、庄重。

图 4-12　集装箱船

图 4-13 所示为“远望”7 号科学考察船，是中国海上卫星测控的中坚力量。该船船型狭长、秀美，上层建筑严密紧凑，各种舱面设备错落有致，体现了一种严谨、缜密的科学态度和一往无前的进取精神。

图 4-13　“远望”7 号科考船

(3) 高速船

高速船是快艇、滑行艇在功能和技术上的延伸和发展，具有迅速占领航运市场的趋势。在高速船的造型风格上，应集中体现“高速”、“流线”的特点。

图 4-14 所示为高速船，其流线型的外观，配以变化的曲线色条，使人产生奔腾飞跃的感觉。

图 4-14　高速船

4.2.2　选取比例及确定轮廓

正确的比例是美的造型的基础。船舶外观造型中的比例关系，是根据功能要求及材料、结构和人机关系等因素，结合人们对各种船舶的习惯认识与审美标准而确定的。船舶尺度由技术设计者确定之后，各部分之间应该有一个美的相对比例关系。由于受船舶主尺度重心高度、性能要求和经济性限制，造型中的比例关系仅仅是一种相对的近似关系。理论上讲，船舶的整体与各局部之间、各局部相互之间越具有良好的相似性(即同一比例因子)，则越容易取得美的造型效果。

4.2.2.1　确定比例的方法

船体各部分之间的比例选取，应综合使用功能、人机关系来确定，而不是从纯粹的美学法则出发，主观判断。确定比例的一般方法有模数法和相似矩形法。

(1) 模数法

模数法又称比例尺法，是按总体布局和人机关系，确定体量关系，选取基本尺度模数作为船舶各部分尺度设计的基准，该基准通常被称为公因子。由于各部分尺寸中含有相同的比例因子，因而，这些尺寸构成的形体关系能满足协调统一的要求。例如，决定船舶有关尺度或部件的轮廓尺寸，选取甲板间高、单元舱室的长度或者宽度尺寸作为基本因子，船体各部分与之成一定的倍数关系，达到协调尺度、调和视觉效果的目的。在技术设计中，这种方法也常常被采用。如船舶设计中，以船长为比例因子，各部分按一定的比例关系考虑尺寸，保证整体尺度的统一与协调。

(2) 相似矩形法

相似矩形法又称特征矩形法，在布局合理的前提下，将造型物各部分分割为若干相似或类似矩形，这些矩形有其内在的联系，形成和谐的整体。

图 4-15 中船舶主体和上层建筑可分为互为比例的几个矩形，其对角线或平行或互相垂直。在技术设计的基准上，相似矩形可以检验、分析和调整船体的宏观比例。

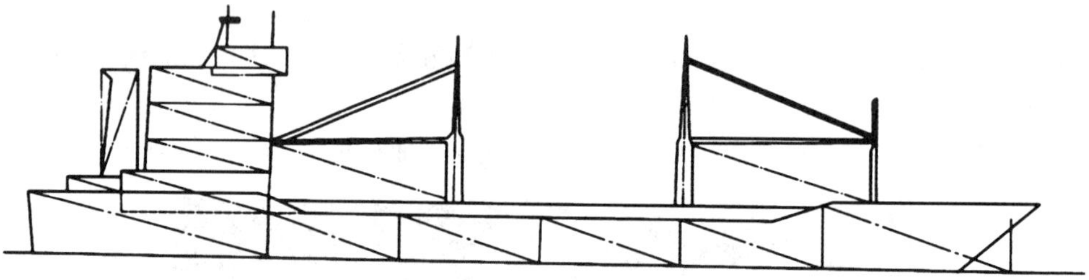

图 4-15　相似矩形法

4.2.2.2　外形轮廓线的确定

根据船舶设计要求，船舶轮廓应鲜明完整、主次分明并具有稳定向前的动感。在布置完成的基础上，由各层高度和长度建立起的上层建筑轮廓，由一条光顺的曲线或折线包含在其内，这条轮廓线也称包络线。包络线的特征有：

① 光顺性，体现船舶外观的整体效果。

② 包络线下的实面积、虚面积(等效面积)均影响造型整体效果。

③ 包络线的线型风格体现船体风格。

④ 包络线尺度比基本体现船舶外观轮廓的尺度比。

⑤ 包络线的形状体现了船舶各向均衡感。

⑥ 包络线包围面积形心位置，体现了船舶动态感。

搜集内河小型客船资料，统计分析得到内河小型客船上层建筑各部分及关键部位的设计参数，如图 4-16 所示。

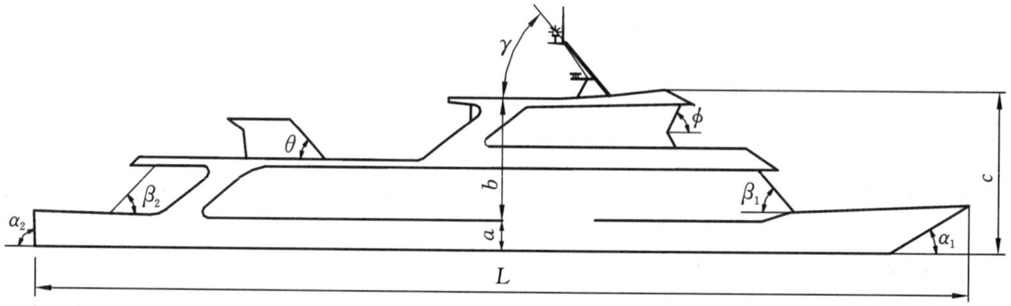

图 4-16　小型客船参数示意图

图 4-16 中：c 为轮廓高度，取 $c=0.2L+2$(m)；a 为船体水线以上高度，取 $a=0.29c$(m)；b 为上层建筑高度，取 $b=0.39c$(m)；α_1 为首柱前倾角，取 31°～41°；α_2 为尾轮廓后倾角，取 55°～72°；β_1 为上层建筑前端壁倾角，取 20°～67°；β_2 为上层建筑后端壁倾角，取 25°～59°；γ 为桅杆后仰角，取 50°～90°；θ 为烟囱后仰角，取 49°～90°；ϕ 为驾驶室窗前倾角，取 61°～83°。

4.2.3　上层建筑的外观造型

4.2.3.1　上层建筑的结构形式

由于性能和使用要求不同，以及各层甲板的高度不同，上层建筑外观形式可分为开式、闭式和混合式3种。

(1) 开式上层建筑

开式上层建筑是以吊檐、舷墙和栏杆作为造型要素,主甲板以上各层建筑设外走道。这种形式舱室围壁在走道内侧,白天在光的投射下,吊檐在围壁上留下阴影,侧向看去,有影处形成实面,无影处形成虚面,虚实和明暗产生对比,随着光线角度的变化,以及吊檐结构的不同,这种对比呈一种动态的效果;沿船长方向,排列的撑杆和栏杆交错变化,形成一种对比之中有统一的节奏,显得协调、耐看。这种结构形式,多为内河船舶和海洋船舶的局部造型所采用,便于交通和观赏风景。

(2) 闭式上层建筑

闭式上层建筑主要用于海船。海船甲板容易上浪,影响船舶稳定性。一般情况下,闭式上层建筑内部舱室面积较大,便于布置。闭式上层建筑的外观主要通过不同形状、大小的舷窗变化和排列组合来实现造型。

(3) 混合式上层建筑

混合式上层建筑是指同一船上兼有开式和闭式建筑;开式作游步甲板,闭式安排舱室。这种结构形式如果外观上处理得当,兼有开式、闭式的造型效果。一般情况下多为首闭尾开或上开下闭,使人感觉到变化中有统一、统一中有变化。

4.2.3.2 首尾端壁处理

首尾端壁的结构形式影响船舶上层建筑的整体造型风格,它体现船舶的时代感和工艺美。现代货船的端壁多数为大平面箱形和直立围壁,这种形式线条简洁,体现了速度感和力量感。客船端壁有大平面箱形、带圆弧阶梯形和流线阶梯形等,看上去显得丰满、豪放、粗犷,具有当代人简练、快节奏的风格。

"水晶·合韵"号豪华邮轮(图2-15),是将传统与现代风格糅为一体的典型的阶梯形端部造型,通过两端斜直线的阶梯状轮廓线向上交会,产生视觉向上的引导,看上去显得雄伟、气派。通过端部轮廓倾斜的角度不同(逐步变化)产生前进感,显得轻巧、快速。空中俯瞰,船舶的端部呈圆弧形,光顺过渡到两侧,并逐层递减,犹如一部节奏流畅的乐章。

4.2.3.3 斜撑与栏杆

开式上层建筑中,斜撑与栏杆的造型非常重要。栏杆主要由垂直和水平两种构件组成。由于错视,使得实际等长的垂直线看上去要比水平线长,容易引起人的注意力。垂直构件在满足强度的前提下,尺度上一般比水平构件要细一些,以形成视觉上的统一感。舷边栏杆所形成的虚面与两层甲板之间的实体空间形成了虚实对比。

斜撑也表现一种力量感。一般斜撑的尺度比栏杆要宽,仅仅直立布置显得呆板,甚至干扰视线,往往采用一定的造型手段改变其视觉形象。如利用斜线的视觉运动特征,克服直立大平面的不足,或按一定比例关系变化宽窄,形成韵律感;还可以采用比拟与联想的构图法则,将斜撑加工成各种形态,如动物、海浪等,使人产生美的联想。

4.2.3.4 桅杆与烟囱的布置

桅杆与烟囱的布置和比例关系也影响着船舶整体的协调性,因此,它也是造型所必须考虑的内容。多数船的桅杆和烟囱构成船舶的视觉平衡点,它们的布置情况影响整船的比例分配和体量大小。虽然它们相对船体而言实际体量并不大，但是因其所处的特殊位置和形态，视觉上所占的比重很大。

桅杆和烟囱沿纵向分割船长的比例关系，是外观造型比例的重要组成部分，要求同整体比例有一定关系，比例不统一，造型就缺乏秩序感。桅杆和烟囱的位置太靠前则影响速度感，太靠后则影响平衡感。桅杆与烟囱直立具有稳定效果，斜倾具有速度感。上层建筑前壁、桅杆、烟囱和后端壁与基线部的倾角由首向尾呈一定规律逐渐加大。理论上讲，当轮廓线沿长线交会于一点时，形成视觉交点，整体效果最佳。

桅杆的位置及数量应满足航行及信号设备法规要求。对总长大于 50 m 的海船，应设置前后桅灯。前桅灯安装在中线面上，其高度不小于 6 m，如船宽大于 6 m 时，灯的高度应不小于船宽，但不大于 12 m。前桅灯的安装位置距离船首不大于船长的 1/4。后桅灯也安装在中线面上，并高出前桅至少 4.5 m，两桅水平间距不小于 1/2 船长，但不大于 100 m。对于内河船也有类似的规定。因此，在布置桅杆与烟囱时，两者之间的距离在满足法规的前提下，构成视觉平衡，保证整体统一的效果。

除一般运输船舶外，军舰、工程船舶、渔船等特殊船舶根据其功能要求，具有各自的外观特点。如图 4-13 显示了科考船的造型，船舶外观在满足功能的前提下，在技术要求可能的情况下，应充分体现船舶局部和整体统一的原则，设计过程中充分研究内部空间的形状和体积，以丰富的空间想象力去表现内外形态，使之成为一个和谐的整体。

现代船舶建筑外观造型及艺术处理上有多样的可能性。船舶建筑及舱面设备的形象必须按一定的技术和艺术要求设计，既要有动体建筑的美感，又要相互协调。

思　考　题

1. 船舶外观造型基本要求是什么？
2. 举例说明现代排水型船舶的外观造型特点。
3. 现代船舶船体首尾端形状是怎样的？
4. 船舶舱面设备主要有哪些？其中对造型起比较重要作用的设备有哪些？
5. 举例说明一下桅杆、烟囱等舱面设备在船舶外观造型上的作用？
6. 船舶外观造型设计中确定比例的方法有哪些？
7. 如何确定船舶外观轮廓？

5　船舶设计中的人机工程学

5.1　船舶人机系统

人机工程学(Man-Machine Engineering)是研究人、机械及其工作环境之间相互作用的学科。国际人类工效学会(International Ergonomics Association,IEA)将其定义为研究人与系统中其他因素之间的相互作用,以及应用相关理论、原理、数据和方法来设计以达到优化人类和系统效能的学科。人-机-环境系统是指由共处于同一时间和空间的人与其所使用的机以及周围的环境所构成的系统,简称人机系统。在人机系统中,人、机、环境相互依存、相互作用、相互制约,完成某一特定的工作或生活过程。

作为船舶设计过程中不可分割的一部分,人机工程的有效应用可确保在操作人员较少的条件下,船舶也能安全且高效地运行。利用人机工程来改进船舶设计和操作优势十分明显。

在许多场合,设计问题都是以人机作为导向。如表5-1所示,按照通常的船舶设计中的结构、船型、机械装置、总布置和人-机界面等分类,总结了人机导向的类型,列出了改进人机工程的措施。虽然这些措施是笼统的,但是也给设计人员提供了一个方便的框架。设计者从设计初期即可考虑人机工程。随着设计过程的进展,这些措施可用于校验。

表5-1　按设计学科分类的人机导向

类型	改进人机工程的措施
结构	避免4～9 Hz的振动频率
船型	避免0.125～0.250 Hz的振动频率; 避免高强度冲击(撞击); 恰当的长度、宽度、重心、旋转中心; 甲板与海面之间有足够的间隙; 适合不同的操作方案; 适合预期的海况
机械装置	减少振动源,隔离噪声; 保护听力

续表5-1

类型	改进人机工程的措施
总布置	生活/工作区域布置在船舶中心，以减小船舶运动的影响； 船员铺位区域避光、安静、凉爽； 光照和空调系统的布置合理； 控制空气传播的噪声； 若预期发生高强度冲击，设置减震座椅； 工作站朝向船首或船尾； 窗户/舷窗的设置，要使人能够看见海面和地平线； 座位与预期操作人员使用的持续时间相适合； 最少化尖角和凸起； 甲板表面防滑； 设置扶手
人-机界面	主要数据置于操作人员视野中心附近； 控制装置和仪表易于读取数据，考虑到预期的状态； 包括联动装置、反馈系统、错误校正、建议提示和决策支持系统； 控制装置放置在令手臂舒适的位置； 自动化，减小心理负荷，提高可靠性和安全性； 保持操作人员信息畅通，并可实施终极控制； 考虑操作人员的极限； 考虑日常运作和紧急状态； 构建操作团队中人员之间的沟通； 最小化操作人员的数据输入； 对关键系统使用听觉和语音警报； 开关附近设有扶手/栏杆，便于操作人员抓握； 确保操作人员在异常着装时控制装置的可操控性

将人机工程学融入船舶设计中的一般途径如图5-1所示。

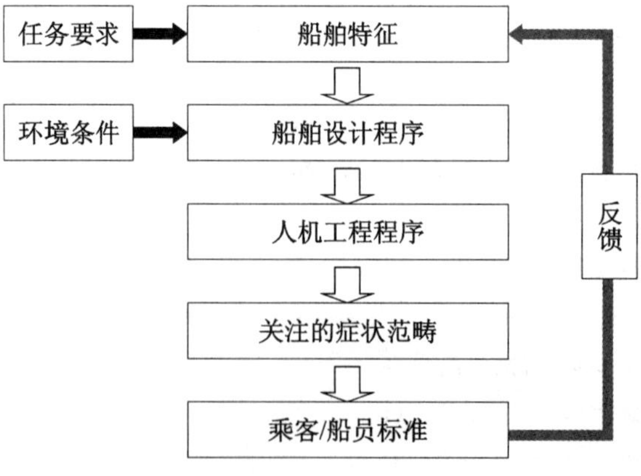

图5-1　计算机辅助船舶设计过程包含的人机工程学

“任务要求”描述船舶的功用。

“环境条件”是指海洋、风和船舶周围其他的环境特征。

“船舶特征”包括船舶所有参数，典型船舶特征参数有长度、宽度、排水量和速度。

“船舶设计程序”是计算机辅助工具，其输出会影响人机问题。例如结构振动性能分析。

“人机工程程序”是计算机辅助工具，其输出会影响人机问题。比如疲劳预测。

“关注的症状范畴”是指降低人员舒适度或者船员绩效的人的因素，后续章节会进行阐述。

“乘客/船员标准”是指与人的因素关联的船东要求。例如，船东可以指定，在设计工况环境条件下执行任务过程中发生晕船的船员不超过5%。

“反馈”的含义包括回传设计过程结果和船员标准之间的差异。

船舶设计过程将一直持续到“船舶特征”满足“乘客/船员标准”，表明对于给定的“任务要求”和“环境条件”得出了一个成功的设计。在某些情况下，运用该设计过程可能会产生一些不切合实际或不符合预期的“船舶特征”，无论从操作、规范或成本的角度考虑都是如此。例如，为了使船舶运动幅度足够小以防止晕动病，船舶的长度需要加倍，这可能是不现实的。

面临这样一个设计僵局，为满足船东的整体需求，设计过程或设计规范的其他要素可能随之改变。例如：

① 可以通过决定在冬季或在风暴的情况下不出海，以使船舶的指定环境条件可能不那么恶劣。

② 晕动病发生率或其他“关注的症状范畴”增加可能是可接受的，尤其是它只在有限期间或者在例外情况下发生时。

③ 为减少人员睡眠不足、疲劳和差错，船员数量可能会增加。

④ 提高自动化程度可作为指标提出，旨在减少船员疲劳和人员差错。

⑤ 船员数量可以减少，允许更多人员远离运动幅度较大的船首和船尾。

设计途径也可以变化，这取决于设计的成熟度。例如，在设计过程的早期阶段就应该考虑船舶运动，但是照明过多或不足可以在稍后的阶段予以考虑。另外，对于在“关注的症状范畴”表现出更多风险的船舶类型需要用到更专业的软件分析工具。

图5-2显示了一个更为一般化的过程。虽然大多数人机工程学程序处理它们各自的“关注的症状范畴”，而“船舶设计程序”却不直接针对“关注的症状范畴”，但是有一个更直接解决困境的方法。“船舶设计程序”处理“人的压力因素”，它将反过来处理“关注的症状范畴”。因此，“船舶设计程序”和“人的因素程序”都要运行，且二者直接或间接与处理“关注的症状范畴”相关。

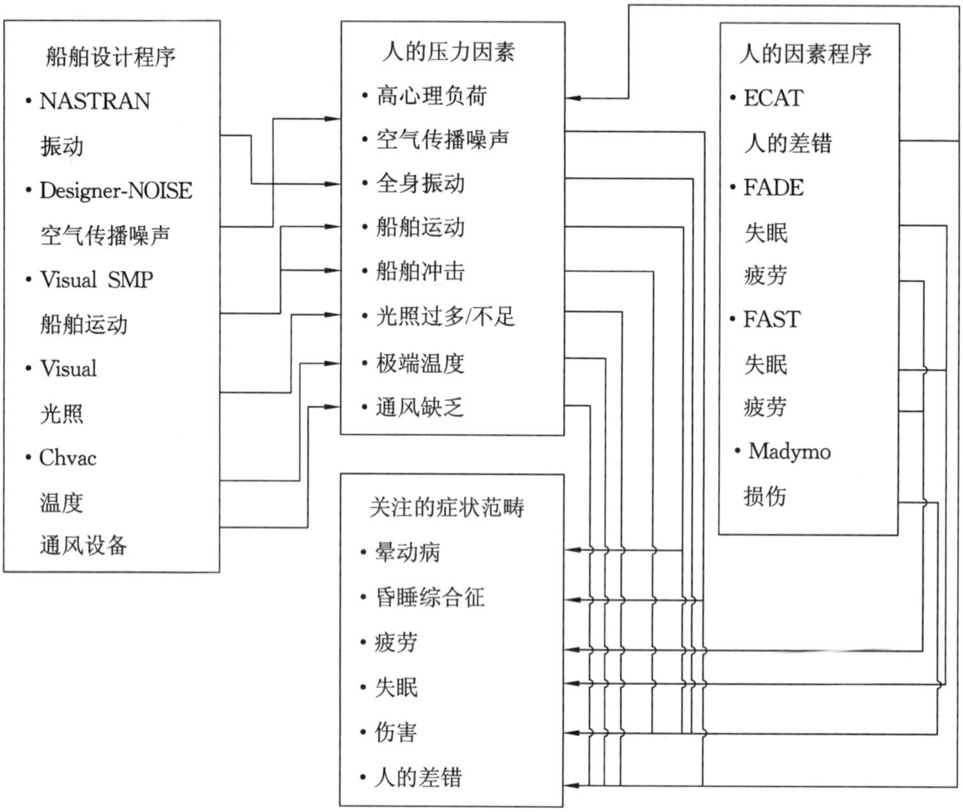

图 5-2　关键设计过程因素之间的关系

5.2　船舶设计中的人机学问题

船舶在设计过程中受到多方面的约束，比如对布置、性能、消防等的约束。同时，其在营运过程中还会受到不同航行环境的影响。在船舶设计的早期阶段，这些约束以及潜在的影响因素都需要进行考虑。而人机工程的因素也愈发受到重视，国际各大船级社均发布了相关的指南。本节主要讨论船舶设计中关于宜居性、可达性和安全性部分的人机学问题。

5.2.1　宜居性

居住舱室是人员的睡眠场所、饮食场所和进行休闲娱乐活动的场所。居住舱室的主要设计目标在于提升船员和乘客的宜居性。在设计居住舱室空间时，应考虑舱室甲板面积、尺度、形状，以及门、楼梯、舱室家具和走廊的协调与布置。关于居住舱室的其他考虑因素，还包括船舶运动、照明、温度、通风和涂色。

如表 5-2 所示，比较了不同船舶居住舱室的特点。所有船舶的居住舱室都应该考虑具有充分的照明、温控和通风条件。海军舰船和巡逻艇的居住舱室宽敞度和舒适性都不能与邮轮相比较，邮轮是最适宜乘客居住的船舶。

表 5-2 不同船舶居住舱室的特点

	楼梯陡峭	空间狭小	窗户较少	噪声等级高	振动	露天甲板没有遮盖物
海军舰船	●	●	●	●	●	●
邮轮					●	
货轮	●				●	●
渡船	●				●	●
巡逻艇	●	●	●	●	●	●

大型军舰上的居住舱室条件比较简朴，但仍要给军官和士兵提供相对舒适的环境。舰员和下级军官通常是一个舱室多人居住，而高级军官通常会有自己单独的房间。舰员的铺位旁有一空间，用于储放衣物和个人物品，如图 5-3 所示。床铺可以折叠起来以提供通道。

邮轮一般设计得色彩丰富，照明良好，并且具有宽敞的公共区域(如图 5-4 所示)。邮轮显得富丽堂皇，它能提供适宜而高雅的居住舱室环境，类似度假胜地般的公共区域，剧院，多样化的餐厅，以及健身房和商业中心，通常给游客留下难忘的经历。

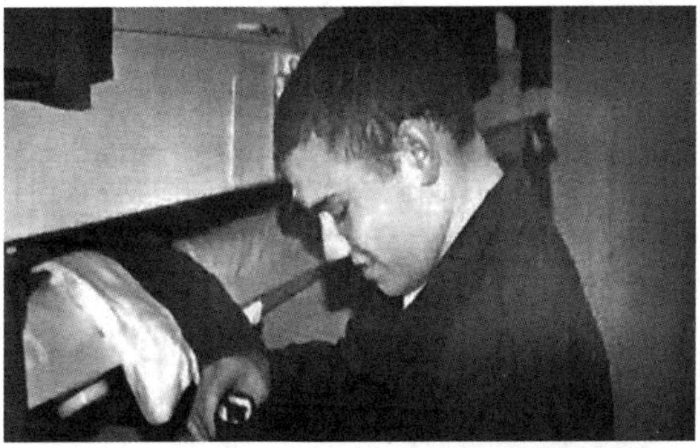

图 5-3 大型海军舰船——美国海军“黄蜂”号两栖攻击舰的舰员在其铺位上

图 5-4 现代邮轮——内部公共空间

尽管现代货轮特别注重效益，但是舱室设计也趋向于宽敞。货轮船员较少，航期经常持续数周或数月，因此良好的居住舱室条件有利于吸引和留住高资质的管理者和船员。货轮上常设双人特等舱，配备有休息区。在一些货轮上，还配备有健身房，甚至桑拿房和小型的游泳池。

渡船提供的居住舱室环境介于邮轮和货轮之间，大概处于二者的平均水平。渡船的航程相对较短(一般只有数小时或一个通宵)，其舱室和公共区域设备良好却显得紧凑。乘客可享用类似于飞机上的可倾斜座椅，食物供应质量适中，娱乐形式可能仅限于提供酒吧、电视和电影。

5.2.2 可达性

可达性是指提供人员在船舶垂向和水平方向通行的途径，垂直通道包括梯子、台阶、舱口、盖板，以及升降工作平台等，水平方向的进出口有门等。船东和船舶设计者要做出诸多权衡，例如，是采用通向露天甲板门槛较高的坚实金属门以保持水密完整性，还是采用非水密旋转门的便捷通道。其他选择还包括，是采用陡峭倾斜阶梯还是普通楼梯。应对海况、天气等方面的威胁，在船上无障碍通行的功能，都是在可达性范畴内需考虑的设计问题。船舶的可达性，都具有很强的专业特性，比如，采用增高的门槛、外露的结构、敞开的机械等。

邮轮、游艇和渡船的内部通道采用平坦的甲板、平缓的斜梯和设置升降梯。较大型的船舶上通常设有无障碍通道，但不是普遍设置。当船舶在码头系泊时，上船和下船都是通过坡道或者舷梯提供通道。

当货轮在港口系泊时，进出货轮的通道一般是简易的阶梯，它连接船体主甲板与系泊码头。舷梯上不可能设置无障碍通道，并且由于门槛高、梯子和过道狭窄，在船舶上很多区域设置无障碍通道都会受到限制。

5.2.3 安全性

海上安全性总是备受关注。常见的安全威胁包括火灾、碰撞和风暴。另一个安全问题涉及的是，由于大量的冰聚集在甲板上，可能造成船舶倾覆。设计人员可以通过多种方式提升船舶安全性，包括加强结构的隔板，标记出楼梯台阶的前缘等。

沉没或倾覆是安全性需考虑的重大问题，它可能是由超载、维护不善、操作不当，或设计不当等原因造成的。例如，1994 年，波罗的海一场风暴引发了大型渡船“爱沙尼亚”号沉船事故，852 名乘客和船员丧生，仅有 137 名幸存者。“爱沙尼亚”号倾覆，船上装载人员过多是主要的原因之一。

恶浪是又一个安全威胁，近年来已经袭击了班轮“挪威黎明”号、“英国女王伊丽莎白二世”号、“大捷龙”号、“不来梅”号和“加里东星”号，以及商船“探索者”号和“奥丽安娜”号，这些船只最终都得以幸存。恶浪高度可达 30 米或更高，而且它们都非常陡峭，没有预警就突然出现。袭击“不来梅”号和“加里东星”号的恶浪损毁了船上的窗户，冲坏了船上的仪器，“不来梅”号的动力系统也被冲坏。过去的二十年里，在海上失踪的 200 艘长度超过 180 米的超级邮轮和集装箱船中，许多被认为是恶浪击沉。

为船舶驾驶室提供高能见度是提升安全性的主要途径。保持船舶内部通信良好，如驾驶室、机炉舱和工作甲板之间保持通信良好，是提高安全性的另一种方法。

采用水密门和水密舱口盖，防滑甲板表面，定位良好的扶手，充足的照明和消除突出的管道与结构也能够提升安全性。水面至甲板保持足够高的距离(干舷)是另一个安全措施,增强船舶的浮力储备。

标识和标签是提高船舶安全性的一种非常重要途径。标签可以贴在门、机械设备、管线、电气线路和阀门上。标识可以是通向救生艇站和出口方向的指示,关于水密完整性的警示说明以及机械操作说明。标识和标签对于不熟悉船舶布局的乘客尤为重要。

邮轮一般比较安全,但仍存在多种问题。邮轮通常比酒店布局更紧凑,布置了形式复杂的通道、楼梯和门。简单、合乎逻辑的布局,可以帮助乘客找到从客舱通向餐厅、其他配套设施和救生艇站的路。

对经过训练、按照既定程序履行职责的专业船员,现代货船通常比较安全。常见的安全问题包括火灾(通常在机舱),与另一艘船舶或水下障碍物碰撞,或者猛烈风暴下船舶运动造成的船体受损。在货物装载和卸载时,需要额外的安全防范措施,如设置围栏来限制人员进入危险区域,设置外部照明使移动机械可见,安装报警器以对紧急情况发出警报。

有时,船舶安全性还存在有待进一步规范的地方。例如,集装箱船设计、建造和维护等方面存在缺陷是导致船员和码头工人受伤和死亡率很高的原因,占所有港内事故的40%。操作人员用来装卸集装箱的平台很小,可达性也不充分,对舷外操作人员的保护不够完善,这些是由于船东、操作人员、用户和设计者之间缺乏沟通造成的。

引航艇上的安全是一个要持续关注的问题。例如,引航员必须离开引航艇登上海上大型船舶时,有时会遇到恶劣天气,能见度低,而引航船和大船之间的相对运动可能会很强烈,引航员必须仔细判断在什么时机从引航艇登上大船是安全的。大船出港时,引航员从大船返回到引航艇也很危险。

对于拖船,其面临的安全风险有:拖曳绳断裂猛烈折回的力量足以致人死亡,或者其在拥挤的海港被大型船舶碾过。在最近的一项研究中,拖轮的常见设计缺陷包括:楼梯陡峭,机舱内装备布置差,标识不当,工作人员难以进行操作和维护。渔船经常因拖网超载,从而产生不稳定摆动而引发危险,这成为其在暴风雨中倾覆的直接风险因素。

设计人员应该牢记“安全”和“合规”之间的区别,努力提高船舶安全性、舒适度。

5.3　船舶设计中人机工程关注的症状范畴以及相应对策

在船舶的设计与操作中,人机工程所关注的症状范畴包括:晕动病、昏睡综合征、疲劳、身体伤害。

5.3.1　晕动病

晕动病,也被称为“晕船”、“运动病”或“运动诱发的疾病”,人在经历最坏的晕动病情况下,可能变得精神抑郁。如果只有少数船员遭受晕动病影响,那么该船舶的总体性能可能会有一定程度恶化。但是,如果大量船员都受到影响,会导致严重的后果,特别是在船员数量很少时,每一位船员的恰当操作都至关重要。

5.3.1.1 产生的原因

晕动病主要是由于运动感知冲突，如最新储存的感知信息与实际的垂向感知信息不一致造成的。在海洋环境中，晕动病产生的主要原因是船舶垂向运动(垂荡、纵摇和横摇的垂向分量)，因为其他的线运动和角运动通常相对较小。

影响晕动病症状轻重程度的因素包括：

① 视线——能够看到地平线时状况较好。

② 气温——凉爽一些较好，可以减轻晕动病症状。

③ 活动量——适量活动较好。

④ 船内的位置——靠近船体中心较好。

⑤ 睡眠——睡眠不足会增加晕动病的发生。

⑥ 性别——女性比男性更容易发生晕动病。

⑦ 年龄——晕动病的发病率随着年龄的增长而降低，10～12 岁的发病率是 80 岁的 5 倍。

⑧ 经验——那些海上运动经验丰富的人员一般比海上运动经验匮乏的人员适应更迅速。

经验不足的人员乘船旅行比船员遭受晕动病的可能性更大。在最近的一项研究中，可以得出这个结论，该项研究涉及欧洲的两艘大型单体客运渡轮和两艘较小的高速双体船上 2 840 名乘客。如图 5-5 所示，概括了晕动病的主要症状。晕动病最普遍的症状是嗜睡，发生率最低的症状是呕吐。研究表明，晕动病通常是乘客感到不适的原因(20％的乘客提到晕动病，10％的乘客提到其他的不适感，如失去平衡、噪声、振动或空气质量差)。

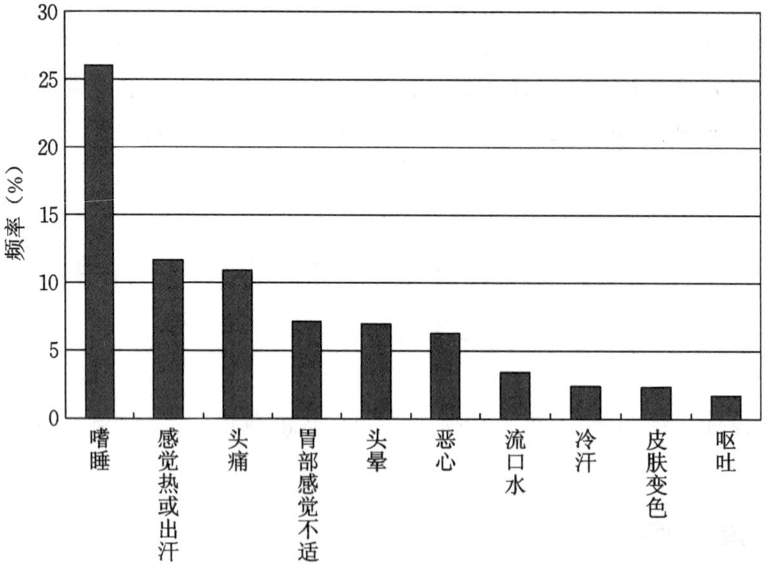

图 5-5 晕动病的主要症状

2006 年，国外学者在一艘三体船上开展了晕动病的研究，该船为 127 米长三体渡轮“Benchijigua Express”号，在加那利群岛之间的公海进行多次两小时运输作业。近 2000 名乘客填写了详细的调查数据，该船安装了运动传感器，并以船用雷达提供海况信息。据报道，60％～90％的乘客有晕动病的症状，其发生率视波高和航向而定。

由于在船舶上晕动病如此普遍，因此，设计人员利用现有的技术手段来预测其发生率是有价值的。研究表明，大多数晕动病发生在振荡频率为 0.125～0.25 Hz 的时候。晕动病发生率随着船舶运动加速度的增加而增加。常用于衡量晕动病的指标为晕动病发生率(Motion Sickness Incidence，MSI)，这是指个体置于运动环境中的呕吐百分比。这意味着，没有呕吐的个体就没有发生晕动病，这应被理解为简化的假设。

受试者坐在一个封闭、亮堂的空调实验舱室中，经历两小时按单向正弦波变化的垂荡加速度，实验数据如图 5-6 所示。选择两小时的时限，是因为晕动病发生率在持续这段时间后不再增加(经过一段时间，人们通常会适应船舶运动)。曲面图的表面表示受试者出现晕动病呕吐症状发生率随振荡频率和加速度变化的映射关系。曲面表面与实际数据点偏离的均方差是 4%，且只有一个点的偏差超过 6%。虚线分别表示晕动病发生率为 25%、50%、75% 的等值线。注意，这里不考虑俯仰和横摇。则可以预期，俯仰和横摇引起的垂荡加速度分量叠加进来，将导致 MSI 变化，此时所产生的 MSI 不再如图 5-6 所示，是单纯由垂荡加速度引起。利用这些实验所得的结果，麦考利、欧汉伦及其合作者建立了一个公式来预测晕动病发生率：

$$MSI=[100]\cdot[\Phi(z_a)]\cdot[\Phi(z_t)]$$

式中 $\Phi(z)$——z 的累积分布函数；

z——标准正态变量；

$$z_a=2.128\log(a)-9.277\log(f)-5.809[\log(f)]^2-1.851$$

$$z_t=1.134z_a+1.989\log(t)-2.904$$

式中 a——垂荡加速度幅值的均方根(即以重力加速度 g 为单位，$g\approx 9.8\ \mathrm{m/s^2}$)；

t——遭遇时间，min；

f——运动频率，Hz。

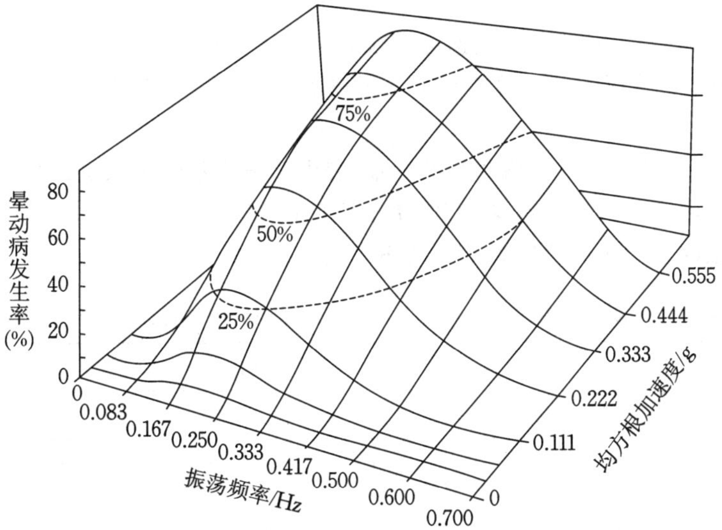

图 5-6 实验得出的晕动病发生率与振荡频率、加速度的关系

z_a 和 z_t 为正值时，Φ 值通过查阅图 5-7 或从一般的标准手册中查得。z_a 和 z_t 为负值时，Φ 值用下面的公式计算得到：

$$\Phi(-z)=1-\Phi(z)$$

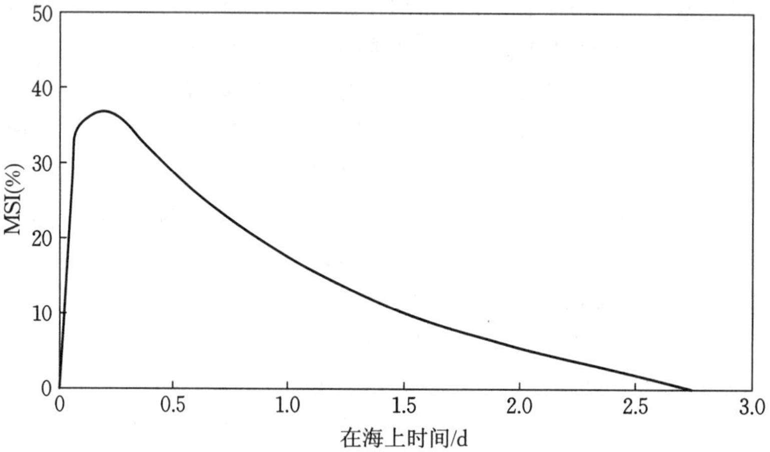

图 5-7　晕动病发生率(MSI)

国际标准化组织提供了另外一个衡量晕动病的指标为晕动病表观值(Motion Sickness Dose Value,MSDVz)。$MSDV_z$ 值根据以下公式计算,适用于连续的、幅值恒定的运动:

$$MSDV_z=(a_w^2 T_o)^{1/2}$$

上式为积分型表达式简化后的式子。式中,$MSDV_z$ 数值越高,相应的晕动病发生率越高;a_w 为 z 轴方向频率加权加速度均方根(m/s^2),以频率加权,计入“晕动病的发生率”与“运动频率”的相关性;T_o 为经受时间(s),经受时间至少是 240 s。

呕吐人数百分比由以下公式进行计算:

$$MSI=K_m \cdot MSDV_z$$

式中,$K_m=1/3$,针对成年男性和女性混合的人群,假设他们尚未适应船舶运动,例如乘船 20 分钟至 6 个小时的乘客。

不同类型的船舶在相同的海况、速度和航向情况下,MSI 值不同。一般来说,随着船舶长度的增加,MSI 值会减小。计算机辅助分析技术的进步使得设计人员能够预报一定范围的船舶运动情况。

如表 5-3 所示,列出了计算机仿真的结果,表中给出了不同排水量的单体船、双体船、三体船在同一个海浪谱中,排水量、速度和 MSI 之间的关系。表 5-4 列出了不同尺度单体船在有义波高迎浪时重心纵向位置处的晕动病发生率。

表 5-3　不同类型和尺度的船舶在 3 m 有义波高迎浪时重心纵向位置处的晕动病发生率(单位:%)

船舶类型	排水量/t	航速/($m \cdot s^{-1}$)				
		5	10	15	20	25
单体船	500	2	12	29	45	65
	1000	0	8	22	42	60
	2000	0	4	14	37	48
	5000	0	0	5	21	28
	10000	0	0	0	8	12
	20000	0	0	0	3	3

续表5-3

船舶类型	排水量/t	航速/(m·s^{-1})				
		5	10	15	20	25
双体船	500	8	21	42	61	75
	1000	2	18	39	57	72
	2000	0	12	31	55	68
	5000	0	5	20	47	57
	10000	0	0	15	32	46
	20000	0	0	5	12	14
三体船	500	5	10	20	38	55
	1000	2	7	13	32	50
	2000	0	3	10	27	42
	5000	0	0	6	12	24
	10000	0	0	5	11	7
	20000	0	0	2	9	7

表5-4　不同尺度单体船在有义波高迎浪时重心纵向位置处的晕动病发生率(单位:%)

有义波高/m	排水量/t	航速/(m·s^{-1})				
		5	10	15	20	25
1.5	500	0	6	14	27	42
	1000	0	2	9	17	15
	2000	0	0	3	7	5
	5000	0	0	1	1	1
	10000	0	0	0	0	0
	20000	0	0	0	0	0
3.0	500	2	12	29	45	65
	1000	0	8	22	42	60
	2000	0	4	14	37	48
	5000	0	0	5	21	28
	10000	0	0	0	8	12
	20000	0	0	0	3	3
6.0	500	0	25	48	62	80
	1000	0	10	41	60	71
	2000	0	0	32	53	67
	5000	0	0	17	40	60
	10000	0	0	5	28	49
	20000	0	0	0	16	33

5.3.1.2 相应的对策

降低晕动病发生率的部分方法如下：

① 通过选取船型、船体尺度，加装被动或主动式运动稳定装置，可减小船舶运动的频率和加速度，例如，加装船尾襟翼板和船舶 T 形翼片可以显著减少垂荡运动。

② 设置恰当的操作、生活场所，使这些场所受船舶运动的影响最小，特别是使垂荡和横摇运动最小（通常，最佳位置是沿着横摇和纵摇的中心）。

③ 恰当布置显示器及仪表，使得主要数据位于操作者视野中心附近，辅助显示器也都位于主显示器附近，以使头部运动最小化。

④ 校准工作位置，使得操作者都直面船首或船尾，位于船舶纵轴线上。

⑤ 设置窗口、舷窗或人工显示装置，人能看清海洋和地平线。

此外，对运动的适应可降低晕动病发病率。如图 5-7 所示，给出了晕动病发生率曲线的典型样式，对于一个群体，*MSI* 值先急剧增加，然后经过数天后逐渐下降。

药物可以缓解晕动病症状，但其有效性因个体差异而异，还可能会出现嗜睡和严重的副作用，致使人员绩效下降。认知训练，加上专业辅导也能缓解晕动病症状。在有关文献中提到利用人工地平线来减少晕动病的发生，但其有效性尚未得到证实。

对于特定船型，如水翼船和表面效应船，必须考虑多种操作条件。例如，表面效应船的气垫航行和非气垫航行两种情况都需考虑，在这两种情况下船舶的运动状态不同。对于滑行艇，考虑的运动状态应该包括排水状态和滑行状态。

5.3.2 昏睡综合征

昏睡综合征的症状是：打哈欠，瞌睡，抑郁，不愿参加集体活动。昏睡综合征症状往往消失缓慢。昏睡综合征症状的开始发生可能是缓慢而隐匿的，特别是当个体经历缓和的船舶运动时，更是如此。昏睡综合征可能与晕动病一起发生，也可能出现在其他症状（例如，恶心和呕吐）之前，或在个体已经适应其他症状之后。随着船舶运动消失，数小时之后昏睡综合征的症状逐渐消退。

数据表明，昏睡综合征的发生率相对较高，成为安全方面的隐患，特别是对于小的船员团队。人们发现，昏睡综合征令人感到不适，降低操作人员工作效率和团队协同工作的水平。

5.3.2.1 产生的原因

船舶运动会引发昏睡综合征。睡眠不足、疲劳、烦闷和其他非运动因素不会引起昏睡综合征。测试对象静坐时仍表现出症状，对运动刺激产生反应。

5.3.2.2 相应的对策

目前还没有关于降低昏睡综合征影响的设计指导，但抗晕动病的药物已经研发出来，可以减少或防止昏睡综合征。为了更好地了解昏睡综合征，并采取措施来减小其负面影响，目前国内外都在开展相关研究。

5.3.3 疲劳

此处的疲劳有两种:身体疲劳和精神疲劳。身体疲劳是由于过度使用肌肉所致;精神疲劳是由于睡眠不足,长时间连续工作和其他生理及心理压力所致。这两种类型的疲劳都会导致绩效降低。

精神疲劳不容易测量,必须通过衡量个体的绩效下降幅度,来间接测量精神疲劳程度。疲劳的程度随着时间的推移可能会增加。

即使在平静海况下,精神疲劳也备受关注,这涉及诸多因素,包括长时间值岗,值班时持续警惕,无法获得宁静的睡眠,年龄状况,健康状况等。疲劳会降低个体的工效和判断力,导致错误增加。疲劳已经被列为造成船舶碰撞和搁浅的因素。1989 年 3 月 24 日,美国油轮“埃克森·瓦尔迪兹”号在阿拉斯加意外触礁,经美国国家运输安全委员会鉴定,工作人员疲劳是这起事故原因之一。

5.3.3.1 产生的原因

疲劳由以下一个或多个因素造成,其中部分因素存在重叠:

① 无聊

a. 单调乏味的任务;

b. 没有反馈的任务;

c. 坐上很长一段时间。

② 环境

a. 噪声;

b. 振动;

c. 极端温度;

d. 船的运动;

e. 低能见度。

③ 睡眠问题

a. 睡眠不足或受干扰;

b. 与生理节律冲突;

c. 倒班。

④ 认知问题

a. 长时间的脑力工作;

b. 心理压力;

c. 沉重的工作负荷。

⑤ 生理问题

a. 吃药、饮酒;

b. 身体状态差;

c. 缺乏锻炼的机会;

d. 饥饿或口渴;

e. 疾病;

f. 不良的饮食习惯;

g. 强光或不当的仪表设计致使眼疲劳；

h. 操作人员的年龄。

5.3.3.2 相应的对策

船舶设计人员可以采取以下措施来减少操作者疲劳：

① 设计好船体结构分布以减少船舶运动，特别是撞击和其他引起晕船的运动。

② 操作员工作站和生活区置于条件更好的位置。

③ 减小极端的噪声、振动，控制温度和湿度。

④ 提供足够的新鲜空气流通。

⑤ 设置良好的照明。

⑥ 对预期的操作，提供相应的控制装置和仪表。

⑦ 根据操作需求配置船员人数，以确保船员有足够的睡眠和休息时间。

⑧ 提供适于操作者预期使用时长的座位。

国际海事组织海上安全委员会制定了缓解和管控疲劳的指南，以协助利益相关方努力减轻疲劳。

5.3.4 身体伤害

船舶上常见的身体伤害有碰伤、擦伤、割伤、拉伤、扭伤、骨折以及化学灼伤等。身体伤害可能是长期累积造成的，如坐着的人员腰椎损伤。身体伤害不仅来自垂向力，也来自纵向力、横向力和旋转力。腰部损伤属于最为普遍的伤害，但个体也可能遭受肩、颈、膝盖、踝、脚、手、腕，肠胃系统和心脏的损伤。

身体伤害经常导致受影响的个体绩效降低，也会降低整个船舶的性能和安全性。如腰部损伤等伤害会缩短操作人员的职业生涯，也会给所属机构的财政带来负面影响。

5.3.4.1 产生的原因

在船舶上受伤的主要原因包括：

① 船舶的运动，尤其是在波涛汹涌的海域，能使人体与部件之间产生剧烈的相对运动。

② 座位对个体的冲击影响，特别是座位底部的垂向冲击力会致使腰部损伤。

③ 湿滑的甲板表面致使人失去平衡而跌倒。

④ 甲板升高或阶梯升高。

⑤ 人撞上尖角或突出物而受伤。

⑥ 操作人员长时间地保持双臂向外伸张，使得肌肉和肌腱拉伤。

5.3.4.2 相应的对策

有许多种改进船舶设计以减小人员伤害的方法：

① 改进设计，使船舶在预期的操作环境中减少运动。

② 考虑特殊的减小座椅冲击力的设计，包括缓冲装置、约束器具或减震装置。

③ 使尖角和突出物减到最少，尤其是在操作、居住及海上维护区域。

④ 使用防滑甲板表面，以防止滑倒。

⑤ 在某些区域，如通道和船桥区域，提供扶手。

⑥ 控制装置摆放在恰当的地方，使操作人员无须保持不舒适的手臂姿势。

⑦ 通过提供宽敞的工作区域，恰当的显示、控制设备布局和座位设计，帮助改善操作人员的姿势。

⑧ 使用防护或支撑设备。

设计人员必须知道发生伤害的冲击载荷极限值，以确定一艘船舶的设计是否能有效防止冲击载荷造成的腰部伤害。设计人员可以针对待定的船型和座位进行耐波性分析，并考察设计方案是否在推荐的冲击力限制范围内。

传统的损伤标准是，根据人体全身振动的输入值，采用均方根(RMS)的方法计算不影响健康的人体振动限值。

5.4　未来发展趋势

未来的发展趋势主要有：

① 船员规模随船舶自动化程度的提高而减少，船舶全寿命周期内的成本降低，这是整体趋势。

② 在船舶工程、轮机工程和人机工程等领域的设计、分析和可视化技术取得重大进展。

③ 可以更好地预测操作者绩效降低的情况。

④ 控制装置将具有先进的人-机交互界面。

⑤ 各种规范将持续改进以适应技术的发展，会针对船舶舒适性和船员绩效制定更为详细且可量化的规范。

⑥ 目前的人-机界面将会逐渐进化为包括人工智能在内的人类/计算机共生系统。在这个共生系统中，可以实时提供广泛的信息给人类使用。

⑦ 为避免人员救火时遭受伤害，可将消防机器人置于危险区域，而操控人员在一个安全的距离处操控消防机器人。

6 船舶造型三维设计

6.1 三维设计基本原理

三维设计作为新一代数字化、智能化、虚拟化设计平台的基础，是一种以二维平面设计为基础，在计算机辅助设计(CAD)环境下进行的立体形态设计方法。运用三维设计可以让设计目标更立体化，更形象化。近些年随着计算机技术的迅猛发展，三维设计已经逐渐成为许多领域不可缺少的一部分，例如工业设计、建筑设计、游戏和电影建模等。本节对三维设计的基本原理进行阐述，主要包括三维空间的构成要素、实体建模和表面建模、几何操作与造型、渲染和可视化以及文件格式和交换等方面，以全面展示三维设计的核心概念和技术。

6.1.1 三维空间的构成要素

三维设计是使用计算机创建三维对象的过程。它需要基本的数学知识，如三角函数和矩阵运算，来计算物体的位置、形状和大小。在三维设计中，对点、线、面、体积、空间等基本形态要素的研究非常重要，本节的学习目标是了解三维空间的主要构成要素以及三维形态中基本要素的不同特征，并学习研究形态创造的形式准则；了解三维设计中的基本表现方法和技能。

(1) 坐标系

在三维建模中，需要一个坐标系来表示对象的位置和方向，常见的有直线坐标系、平面直角坐标系等。在参照系中，为确定空间一点的位置，按规定方法选取的有次序的一组数据，叫作“坐标”。

坐标系的种类很多，常用的坐标系有：笛卡尔直角坐标系、平面极坐标系、柱面坐标系(或称柱坐标系)和球面坐标系(或称球坐标系)等。物理学中常用的坐标系为直角坐标系，或称为正交坐标系。

坐标系是一种用于描述空间中点的位置和方向的系统。在三维设计时，我们通常使用三维坐标系来描述点的位置。三维坐标系由三个相互垂直的坐标轴组成，分别是 x 轴、y 轴和 z 轴。每个轴都有一个正方向和一个负方向，通过这三个轴可以确定空间中任意一点的位置。

如图 6-1 所示,是一个常见的笛卡尔直角坐标系,在这个坐标系中,任何一个点都可以通过三个坐标值(x、y、z)来确定其位置。这三个坐标值分别表示该点在 x 轴、y 轴和 z 轴上的位置。通过这三个坐标值,我们可以精确地描述空间中点的位置和方向。

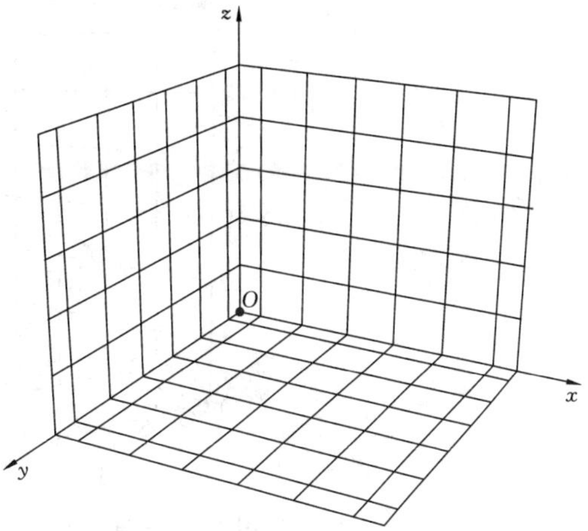

图 6-1　常见的笛卡尔直角坐标系

除了笛卡尔坐标系外,还有其他类型的坐标系,如圆柱坐标系和球面坐标系等。这些坐标系在不同的应用场景中有不同的优势和适用性。例如,在描述圆柱形物体的形状和位置时,圆柱坐标系可能更加方便;而在描述球形物体的形状和位置时,球面坐标系可能更加适用。

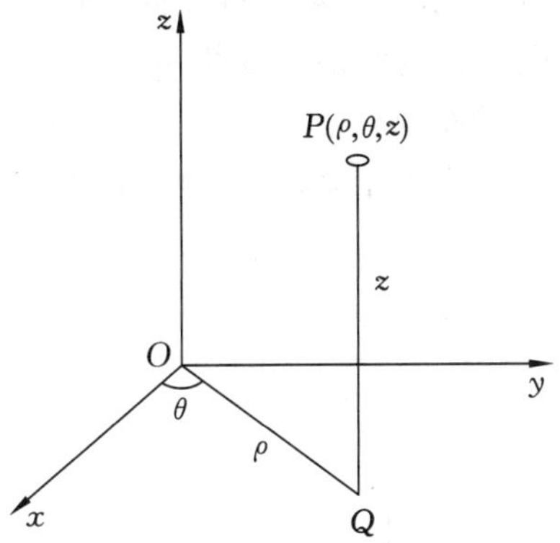

图 6-2　圆柱坐标系

如图 6-2 所示,是一个圆柱坐标系,它是二维极坐标系往 z 轴的延伸。这个坐标系中,通常使用 ρ、θ、z 三个坐标变量。其中,ρ 表示从 z 轴到任一点的径向距离,θ 表示该点与正 x 轴之间的夹角,z 则表示该点距离 xy 平面的高度。圆柱坐标系在描述圆柱形物体或某些具有轴对称性的物理现象时特别有用。

在圆柱坐标系中,点的位置可以通过以下公式转换为直角坐标系中的位置:

$$x=\rho\times\cos\theta$$

$$y=\rho\times\sin\theta$$

$$z=z$$

其中,x、y、z 是直角坐标系中的坐标。这个转换公式表明,圆柱坐标系中的点可以通过这些公式映射到直角坐标系中。

总之,坐标系是描述空间中点的位置和方向的重要工具,它使我们能够更加方便和精确地描述和分析三维空间中的物体和现象。

(2) 点、线和面

在三维设计中,点、线和面是最基本的构建块。点是空间中的位置,直线是连接两点的直线,面是由三个或更多点及其连接线组成的平面。

① 点:点是最简单的形状,是几何图形最基本的组成部分。在空间中作为 1 个零维的对象。在其他领域中,点也作为讨论的对象。在欧氏几何中,点是空间中只有位置,没有大小的图形。点是整个欧氏几何的基础。欧几里得最初含糊地定义点作为没有部分的东西。在二维欧氏空间中,1 个点被表示为 1 组有序数对,同样的,在笛卡尔坐标系中,任意一个点都可以被精确地定位。如图 6-3 所示,是一个在三维空间中的点,我们可以用笛卡尔坐标系中的(10,10,10)坐标精准地表示出它的位置,同时它在二维平面上的投影也可以精准地用(10,10)表示。在现代数学语言中,任何集合的元素都叫作“点”,但与三维空间中的点可以没有任何关系。

② 线:在三维建模和几何学中,线的概念可以从不同的角度进行扩展和解释,在几何学

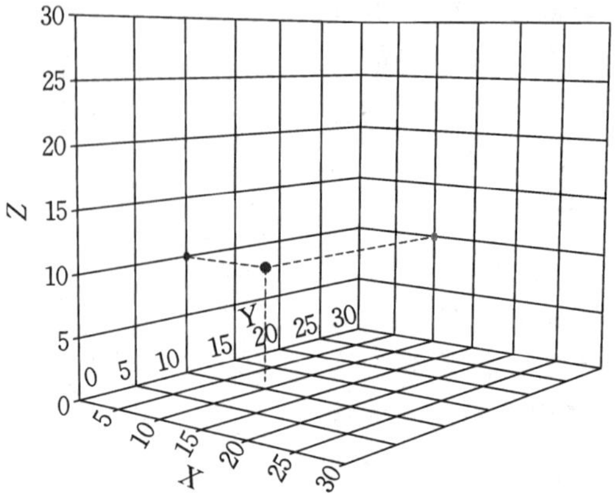

图 6-3　三维空间上的点及其在二维上的投影

中，线是最基本的概念之一，通常被定义为没有宽度、没有粗细，只具有位置和长度的抽象概念。具体来说，线可以分为直线、线段、曲线等不同类型。直线是由无数个点在同一条直线上连续排列所构成的图形，它向两个方向无限延伸，没有端点。线段是直线的一部分，具有明确的起点和终点，它的长度是有限的，可以通过两点之间的距离来度量。如图 6-4 所示，是两个点连接构成的一条线段，我们可以用两个点的坐标将其表示出来，同时也可以通过两个点的坐标计算出该线段的长度。

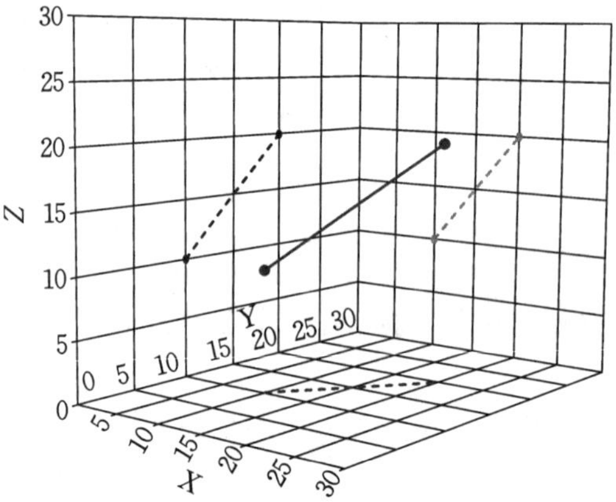

图 6-4　由两点定义的线段及其在二维上的投影

曲线是不同于直线的线型，曲线上的点不在同一条直线上，可以呈现出各种形状，如圆、椭圆、抛物线等。在建筑设计、机械制造、电路布线等领域，线经常代表具体的物理路径或边界。这些线可能是直线、曲线或者由多条线段组成的复杂图形，用于指导设计和施工。

③ 面：在几何学中，“面”是线的连续移动至终结而形成的轨迹，它具有长度和宽度，但没有厚度。这是“面”最基本的定义，也是设计基础和平面构成中的重要概念。面的形态是多种多样的，如长方形、圆形、不规则形、有机形等。这些形态由不同的线条移动方式形成，并在视觉上产生不同的特征。如图 6-5 所示是空间中最简单的一种三维平面及其在底面（XY 平面）的投影，它由三维空间中的四条线段围成，我们可以通过直接操作线段或者修改线段的端点坐标来对该平面进行变换。

在几何学、设计基础、平面构成等领域，“面”是构成图形和空间的基本元素之一，对于理

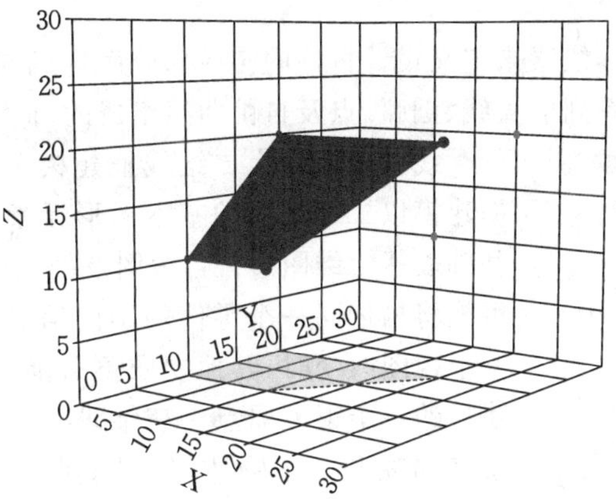

图 6-5 由四条线段构成的三维平面及其在底面上的投影

解和分析图形的结构和性质具有重要意义。在3D建模中,模型均由一系列基本的几何体(如立方体、球体、圆柱体)组成,这些基本几何体通过调整和变形,可以构建更复杂的几何体。

(3) 体及其空间构成(顶面、底面、立面)

三维设计中的体及其空间构成是设计领域中的一个重要概念,它涉及对三维空间内物体的形态、结构以及它们之间关系的理解和表达。

在三维设计中,体是指具有长、宽、高三个维度的空间实体。这些体可以是简单的几何形状,如球体、立方体、圆柱体等,也可以是复杂的组合体,由多个基本体素通过集合运算(如交、并、差)组合而成。体的形态和结构是三维设计的基础,它们决定了设计作品的外观、功能和空间布局。体的表面由若干个面组成。每个面是二维的,可以是平面或曲面。在规则体中,面通常是规则的多边形,如正方形、三角形或矩形。面是一个没有厚度的二维对象,它定义了一个区域的边界。如图6-6所示,是一个简单的由6个规则平面组成的立方体,其中包括顶面、底面、4个立面,这6个面共同构成和定义了该立方体的位置和形状。

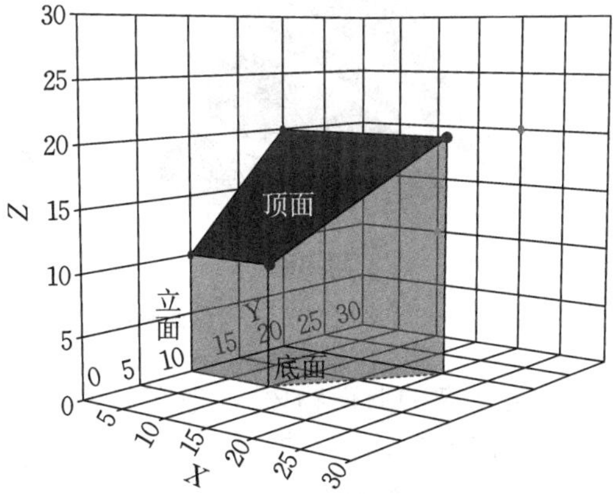

图 6-6 由六个规则平面构成的立方体

6.1.2 线框建模、表面建模和实体建模

目前常用的三维几何体建模方法包括:线框建模、表面建模、实体建模。

（1）线框建模

线框建模是利用基本线素来定义设计目标的棱线部分而构成的立体框架图。线框建模生成的实体模型是由一系列的直线、圆弧、点及自由曲线组成的，描述的是零件的轮廓外形。

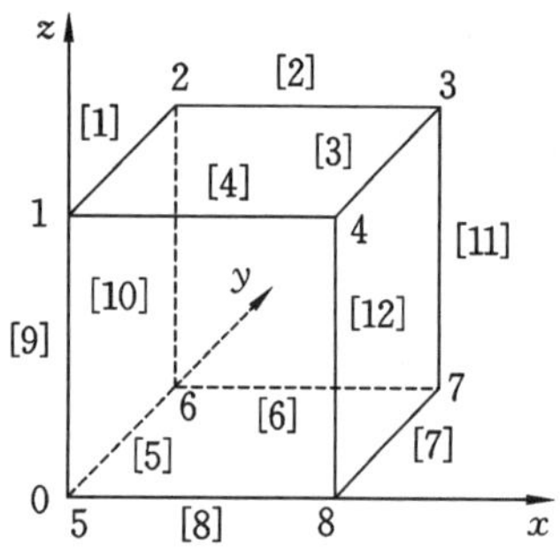

图 6-7　立方体的线框模型

线框建模分为二维线框建模和三维线框建模。二维线框建模以二维平面的基本图形元素（如点、直线、圆弧等）为基础表达二维图形。各视图及剖面图是独立产生的，因此不可能将描述同一个零件的不同信息构成一个整体模型。当一个视图改变时，其他视图不可能自动改变，这是二维线框建模的一个很大弱点。三维线框建模用三维的基本图形元素来描述和表达物体，仅限于点、线和曲线的组成。图 6-7 所示为立方体的线框模型。

线框建模所需信息最少，数据运算简单，所占存储空间较小，对计算机硬件的要求不高，计算机处理时间短。但线框建模所构造的实体模型只有离散的边，而没有边与边的关系，由于信息表达不完整，会对物体形状的判断产生多义性，同一线框模型可能产生几种不同理解。

（2）表面建模

表面建模是通过对物体表面进行描述的建模方法。表面建模是由给出的离散数据构造曲面，使曲面通过或逼近这些点或线，一般用插值、逼近或拟合算法。可以用于外形要求高的软件中，也可用于多坐标数控编程、计算刀具的运动轨迹等。在消隐、着色、特征处理等方面更便捷。

如图 6-8 所示，是采用表面建模方法进行曲面建模的过程，首先将物体分解成组成物体的表面（平面或二次曲面）、边线和顶点，用顶点、边线和表面的有限集合来表示和建立物体的计算机内部模型，最后再将这些面拼接成三维模型的外表面。

二次曲面　　　　组成面　　　　模型外表面

图 6-8　利用表面建模方法进行曲面建模的过程

表面建模方法通常用于构造复杂的曲面物体，一般可以用多种不同的曲面表达方式造型。常用的曲面描述的方法有如下几种：

① 旋转面：一轮廓曲线绕某一轴线旋转某一角度而生成。

② 线性拉伸面：一曲线沿某一矢量方向拉伸一段距离。

③ 直纹面：在两曲线间，将参数值相同的点用直线段连接生成。

④ 扫描面：截面发生曲线沿方向控制曲线运动而生成。

⑤ 网格曲面：由一系列曲线构成的曲面，分为单方向和双方向。

⑥ 拟合曲面：由一系列有序点拟合而成。

⑦ 平面轮廓面：由一条封闭的平面曲线所构成。

⑧ 二次曲面：椭圆面、抛物面、双曲面等。

表面建模表达了零件表面和边界定义的数据信息，有助于对零件进行渲染等处理，有助于系统直接提取有关表面的信息，生成数控加工指令，因此，大多数 CAD/CAM 系统中都具备曲面建模的功能。

这种建模方式的缺点在于难以进行有限元分析、难以进行物性计算、不存在各个表面之间相互关系的信息，因此如要同时考虑几个面时，就不太适合表面建模。

(3) 实体建模

现实世界的物体具有三维形状和质量，因而三维实体建模可以更加真实、完整、清楚地描述物体。

实体建模(Solid Modeling)技术是 20 世纪 70 年代后期、80 年代初期逐渐发展完善并推向市场的。它在运动学分析、物理特性计算、装配干涉检验、有限元分析方面得到广泛应用。它是利用一些基本体素，如长方体、圆柱体、球体、锥体、圆环体以及扫描体等通过布尔运算生成复杂形体的一种造型技术。实体建模主要包括三方面的内容：

① 基本体素

体素是现实生活中真实的三维实体。主要有以下类型：拉伸体、旋转体、扫描体、等厚体、缝合体、倒圆体、倒角体。

② 工艺特征形体

工艺特征形体包括凸台、凹腔、孔、键槽、螺纹、肋板等。

③ 拓扑操作

拓扑操作指对体素进行并、交、差等布尔运算及用曲面片体修剪体素而形成新的实体。

实体建模的常见方法如图 6-9 所示。

体素法是一种通过体积元素在三维空间中直接构建和表示几何实体的建模方法，它具备高度的三维性和精确性，适用于复杂三维结构的建模，尤其在医学影像、地形建模、机械零件造型及流体力学模拟等领域展现出广泛应用前景。体素可以表示一个立方体单元，也可以表示更复杂的几何形状，但其基本思想是将三维空间划分为一系列小的体积单元。如图 6-10 所示，就是体素法建模思想的体现，其中灰色立方体即为其中的一个体素。

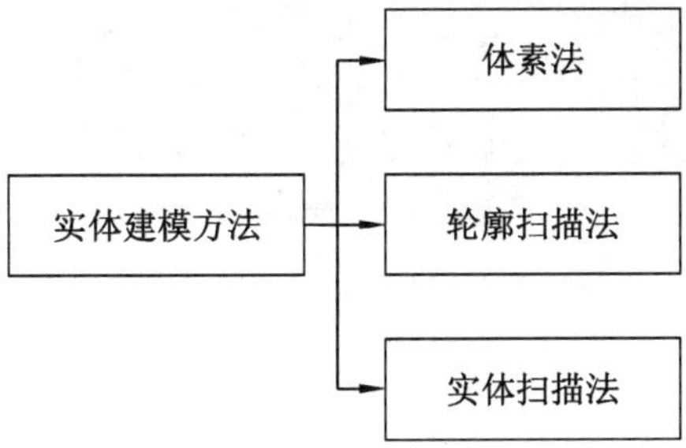

图 6-9　实体建模的三种方法

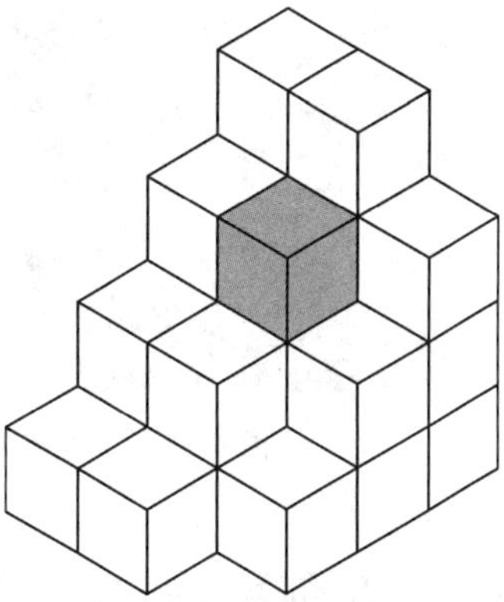

图 6-10　多个体素(立方体)堆叠成一个实体

轮廓扫描法是通过将二维平面轮廓沿特定路径进行平移或旋转，从而生成具有复杂表面形状的三维实体(图 6-11)。这种方法结合了基体(二维轮廓)和路径的灵活组合,能够处理多种形状和大小的物体,并生成精确的三维模型。轮廓扫描法建模的优点包括高度的灵活性、精确性和易于理解实现。它适用于多个领域,如机械设计、产品制造、建筑设计和游戏开发等,用于生成复杂零件、产品原型、建筑模型和游戏场景等。

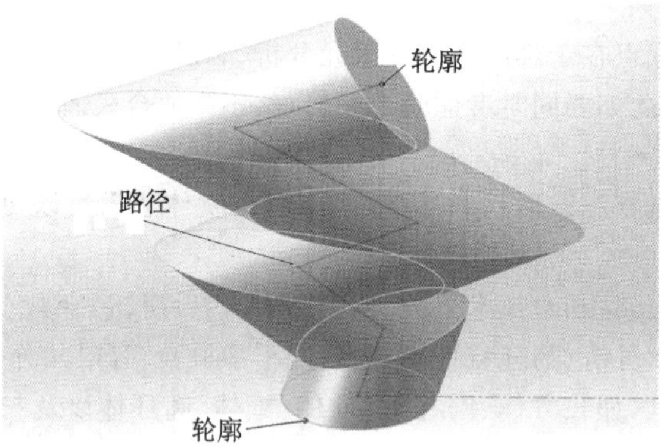

图 6-11　solidworks 软件中的轮廓扫描界面

实体扫描法是一种逆向建模方法,该方法利用先进技术手段,比如三维扫描仪等设备获取物体表面的点云数据及几何形状和纹理信息,通过软件处理这些数据生成数字化三维模型。这一技术结合了数据采集、数据处理和三维建模等多个步骤,能够高效地创建出精确的三维模型。图 6-12 是某博物馆采用激光扫描的方式获取了某文物的表面信息及模型数据并进一步建立数字化模型的过程。这种方法具有高精度、高效率、非接触式测量等优点,能够处理复杂形状和纹理,满足不同领域的需求,广泛应用于工业设计、文化遗产保护、医疗、影视特效等多个领域,为这些领域提供了精确、高效的三维建模解决方案。

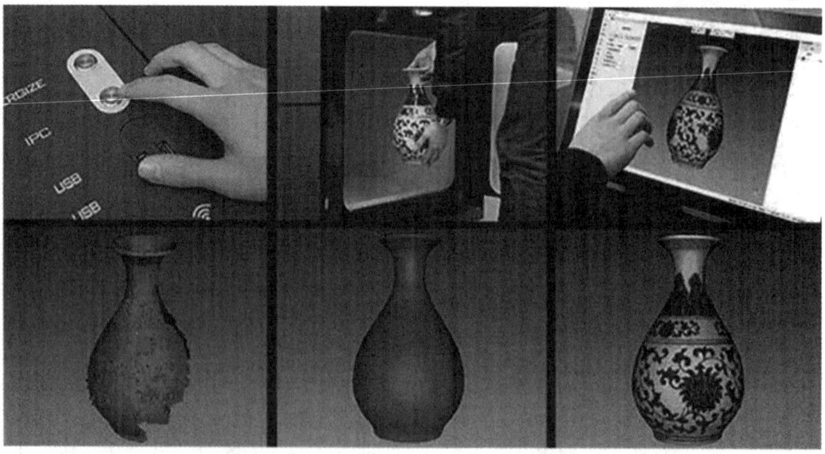

图 6-12　通过实体扫描获取某文物的表面特征及三维信息

6.1.3　几何操作与造型

几何操作与造型是两个相互关联但又不完全相同的概念,它们各自在图像处理、产品设计、艺术创作等领域中发挥着重要作用。

几何操作在图像处理中是一种通过调整图像像素坐标来改变图像几何布局的方法。它并不是去改变像素值，而是要改变图像中感兴趣的目标或代表特征的像素组之间的相对位置关系。几何操作大多数包括两个组件：①映射函数，用一组空间变换方程来指定图像像素的新坐标位置。这种映射可以是线性的（如仿射变换），也可以是非线性的（如扭曲变换）。②插值方法：在几何操作后，由于新的像素坐标可能不是整数，因此需要通过插值方法来计算这些非整数坐标处的像素值。常见的插值方法包括最近邻插值、双线性插值等。

几何操作的具体类型包括平移、旋转、缩放、裁剪、翻转等，这些操作都可以通过相应的映射函数和插值方法来实现。例如，在 MATLAB 中，可以使用 maketform 函数来定义希望的 2D 空间变换，然后使用 imtransform 函数将定义的变换应用于输入图像。

造型是一个更为广泛的概念，它涉及艺术、设计、工业制造等多个领域。造型即创造形体，是以一定物质材料和手段创造的可视静态空间形象的技术。在产品设计中，造型是产品外观设计的核心部分。设计师需要通过运用各种造型元素和手法，来创造出既符合功能需求又具有审美价值的产品形态。几何元素在造型设计中扮演着重要角色，因为几何形态具有简洁、明了、易于加工和生产的特点。设计师可以通过运用几何加减、组合、变形等手法，来创造出具有独特美感和功能性的产品造型。

几何操作与造型在某种程度上是相互关联的。在产品造型设计中，设计师可能会运用几何操作的方法来调整和优化产品的形态。例如，通过对产品模型进行旋转、缩放、平移等操作，来观察不同视角下的产品形态效果；通过对产品表面进行扭曲、渐变等非线性变换，来创造出更加独特和富有表现力的产品外观。同时，造型设计的结果也可以通过几何操作来进行验证和优化，以确保产品形态在制造和生产过程中能够保持预期的效果。

综上所述，几何操作与造型是两个相互关联但又不完全相同的概念。它们在各自的领域内发挥着重要作用，并且在一定程度上相互促进和补充。

6.1.4　渲染和可视化

渲染是三维造型的最后一道工序（除了后期制作），也是最终使图像符合 3D 场景的阶段。它根据基于光学原理的光照模型计算物体可见面投影到观察者眼中的光亮度大小和色彩的组成，并转换成适合图形显示设备的颜色值，从而确定投影画面上每一像素的颜色和光照效果，最终生成具有真实感的图形。渲染前后对比如图 6-13 所示。

图 6-13　渲染前后对比图

渲染能够起到以下作用：①增强视觉效果，通过添加光照、阴影、材质、纹理等效果，使3D模型看起来更加真实和生动；②提升作品质量，在影视、游戏、广告等领域，高质量的渲染效果能够显著提升作品的视觉效果和观赏性；③支持创意表达，渲染为艺术家和设计师提供了表达创意和想法的强有力工具，能够将抽象的概念转化为具体的视觉形象。

渲染主要分为离线渲染和实时渲染两种类型。离线渲染注重图像质量和细节，通常用于电影、广告等需要高质量画面的场景；而实时渲染则强调渲染速度和实时反馈，广泛应用于游戏开发、虚拟现实等领域。渲染是可视化过程中的一个重要环节。在3D可视化中，艺术家首先创建3D模型并添加纹理和光照效果，然后通过渲染将这些元素组合成最终的逼真图像或动画。因此，可以说渲染是实现3D可视化的关键技术之一。同时，随着可视化技术的不断发展，渲染技术也在不断进步和完善，为数字创作和设计领域带来了更多的可能性和创新空间。

6.1.5 文件格式和交换

三维文件格式和交换是三维技术应用中的重要环节，它们对于三维数据的存储、传输、编辑和展示具有重要意义。三维文件格式用于存储有关三维模型的信息，包括模型的几何形状、表面纹理、场景细节以及动画等。常见的三维文件格式有以下几种：

STL(Stereolithography)：STL是一种基于三角形网格的三维图形文件格式，用于描述物体的表面。它最初由3D Systems公司开发，广泛应用于3D打印和快速原型制造等领域。STL文件包含有关3D模型的表面拓扑和几何体信息，可以用于生成切片和虚拟模型。

OBJ(Wavefront Object)：OBJ是一种简单的文本格式，用于保存三维模型的几何信息，包括顶点坐标、纹理坐标和法线。它最初由Wavefront Technologies公司开发，现已成为3D模型之间交换数据的一种广泛使用的格式。OBJ文件包含几何体的描述信息，还可以包含纹理映射信息，以便在渲染时应用纹理。

FBX(Filmbox)：FBX是由Autodesk开发的一种通用的三维模型交换格式，支持多种几何、材质、骨骼和动画数据。FBX文件支持动画信息和独特的几何体和材质属性，由于支持多个3D应用程序之间的数据交换，因此在游戏和影视制作等领域中得到了广泛应用。

3DS(3D Studio)：3DS是Autodesk 3D Studio Max创建的格式，用于保存三维模型。但它相对较旧，功能有限。该格式包含有关几何体、材质和灯光等信息，还可以包含动画和渲染设置，被广泛应用于3D建模和动画领域。

DXF(Drawing Exchange Format)：DXF是Autodesk AutoCAD的文件格式，用于保存2D和3D图形数据，包括线条、多边形和体积。DXF文件包含有关CAD模型的几何体、拓扑结构和属性等信息，以便在不同的CAD程序之间进行数据交换。

IGES(Initial Graphics Exchange Specification)：IGES是一种通用的CAD文件格式，用于交换二维和三维几何数据。IGES文件包含有关CAD模型的几何体、拓扑结构和属性等信息，以便在不同的CAD程序之间进行数据交换。该格式已经成为工业和航空领域中的标准格式。

STEP(Standard for the Exchange of Product Data)：STEP是一种用于交换产品数据的国际标准，包括几何、材质、装配和工程信息。STP是STEP文件的一种常见扩展名，由ISO标准化组织开发，旨在促进跨CAD平台的数据交换。

三维文件交换是指在不同软件或平台之间传输和共享三维模型数据的过程。为了实现三维文件的有效交换，需要遵循一定的标准和规范，以确保数据的准确性和一致性。在进行三维文件交换时，首先需要确保双方软件都支持目标文件格式。如果文件格式不兼容，可能需要进行格式转换。在交换过程中，需要确保三维模型数据的完整性，包括几何形状、材质、纹理、动画等信息的完整传输。遵循国际标准或行业规范进行三维文件交换，如 STEP、IGES 等标准，有助于促进不同软件之间的数据共享和互操作性。使用专业的三维建模软件或第三方转换工具进行文件格式转换，以确保转换后的文件质量和兼容性。

6.2　船体三维造型流程

6.2.1　前期准备

在进行船体三维造型之前，充分的前期准备是确保项目顺利进行并满足设计要求的关键步骤。这一过程不仅涉及对设计需求的深入理解，还包括必要资料的搜集以及工具的选择。

首先我们需要对用户的需求进行分析并明确船体设计的目标。需要明确船体的基本类型，如货船、客船、邮轮、军舰、游艇等，因为不同类型的船只在设计上有显著的区别，如船体线条、甲板布局、舱室配置等。根据使用需求，确定船体的总长、型宽、型深、吃水等关键尺寸，这些尺寸将直接影响船体的稳定性、载重量及航行性能。详细分析船体需满足的功能要求，如货物装卸效率、乘客舒适度、航行速度、续航能力、武器装备配置（针对军舰）等。明确船体的设计载重量，包括货物、人员、燃料、淡水等，以确保船体结构的安全性和经济性。

在完成需求分析后需要开始收集相关已有船型的资料，收集已有的船体设计图纸，包括总布置图、基本结构图、型线图等，这些图纸是后续三维建模的重要参考。获取详细的技术规格书，了解船体建造的标准、材料要求、工艺规范等，确保设计符合行业标准。了解并遵守相关的国际海事组织（IMO）、船级社（如 ABS、DNV GL、LR 等）及国家海事部门的法律法规，确保设计合法合规。

选择船舶设计软件的重要性不容忽视，因为这不仅关乎设计效率与质量的高低，还直接影响到后续的生产制造流程、成本控制以及企业的市场竞争力。

目前市面上较为流行的三维建模软件（图 6-14）有很多，以其不同的特点和优势占据不同市场，下面简要介绍几种在船舶设计领域较为常见的软件。SolidWorks 作为一款广泛应用的 CAD 软件，凭借其直观易用的用户界面和强大的装配体设计能力，为船舶设计提供了便捷的工具。然而，当面对复杂的曲面造型和大规模的数据处理时，SolidWorks 的性能可能会受到一定限制。相比之下，Rhinoceros 以其卓越的 NURBS 建模技术和高度灵活的插件系统，在船舶设计的概念阶段和艺术创作中展现出了独特的优势。它能够创建出极为复杂的曲面形状，并通过丰富的渲染和可视化功能，让设计师能够直观地展示设计理念。然而，Rhinoceros 在工程分析和仿真方面的功能相对较弱，可能无法满足船舶设计全周期的需求。UG（Unigraphics）作为一款全面的 CAD/CAM/CAE 解决方案软件，为船舶设计提供了从初步构思到详细设计，再到生产制造的全方位支持。其强大的参数化设计和自动化工具，能够显著提高设计效率并减少人为错误。然而，UG 的复杂性和高学习成本也可能成为一些用户的障碍。NAPA ship-design 作为专注于船舶设计领域的专业软件，凭借其丰富的设计工具、强大的性能分析和优化能力，在船舶设计行业中占据了重要地位。它能够满足从初步设计到详细设计的全过程需求，并与船舶建造和运营相关的系统实现广泛集成。然而，NAPA ship-design 的应用范围相对较窄，且其学习曲线可能较为陡峭，需要用户具备一定的专业知识和经验。因此在选择船舶设计软件时，必须充分考虑项目的具体需求、团队的技术能力、学习成本以及软件的功能和性能等因素，以确保所选软件能够最大程度地满足设计需求并提升整体效率。

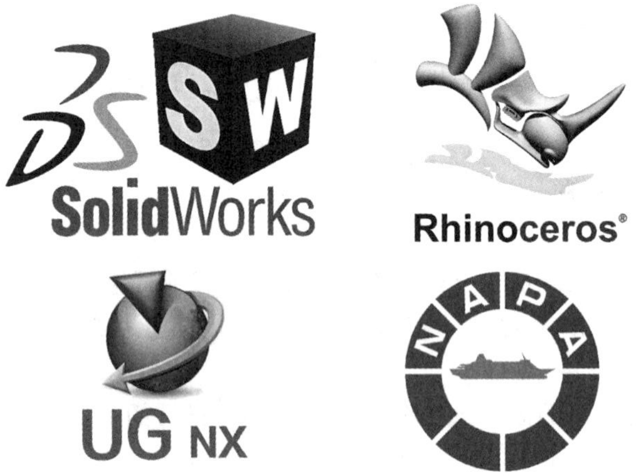

图 6-14　几种常见的船舶设计软件

前期准备阶段的工作是船体三维造型流程的基础，通过细致的需求分析、全面的资料收集和合理的软件选择，为后续的设计工作奠定坚实的基础。

6.2.2　设计绘制

船体是由外板和甲板封闭形成的内空壳体，船体表面形状因为不同船舶的特定性能需求通常由不同的复杂曲面构成，型线图就是对船体型表面的剖切与表达，因此型线图的设计与绘制是船舶设计中的关键步骤，它定义了船体的外部形状，也决定了船体的水动力特性。

首先需要确定船舶主尺度，船体的主尺度是指船体型表面上量取的船体外形大小的基本度量，船体主尺度既是影响船舶性能和使用功能的关键要素，也是绘制型线图的基本尺度。如图 6-15 所示，船体的主尺度主要包括总长（Length Overall）L_{OA}、水线长（Length at the Load Waterline）L_{WL}、型宽（Breadth Moulded）B、型深（Depth Moulded）D、吃水（Draft）T、排水量（Displacement）和载重吨位（Deadweight Tonnage，DWT）等，这些尺度共同定义了船舶的大小、形状和容量，对船舶设计、建造、操作和性能评估起着至关重要的作用，直接影响船舶的稳定性、浮力、阻力、推进效率和操纵性。

然后根据选定的主尺度要素进一步收集类似的船型数据，包括成功的设计案例及船型和相关规范。确定了船体的基本形状后就需要手绘或使用计算机辅助设计（CAD）软件绘制船体的初步草图。

纵剖线图、横剖线图和半宽水线图都是从船体上特定曲面沿某方向剖切后得到的视图，它们展示了船体的内部结构、形状和尺寸变化。纵剖线图是从船体一侧沿船长方向剖切后得到的视图，它展示了船体沿船长方向的内部结构、形状和尺寸变化；横剖线图是从船体上

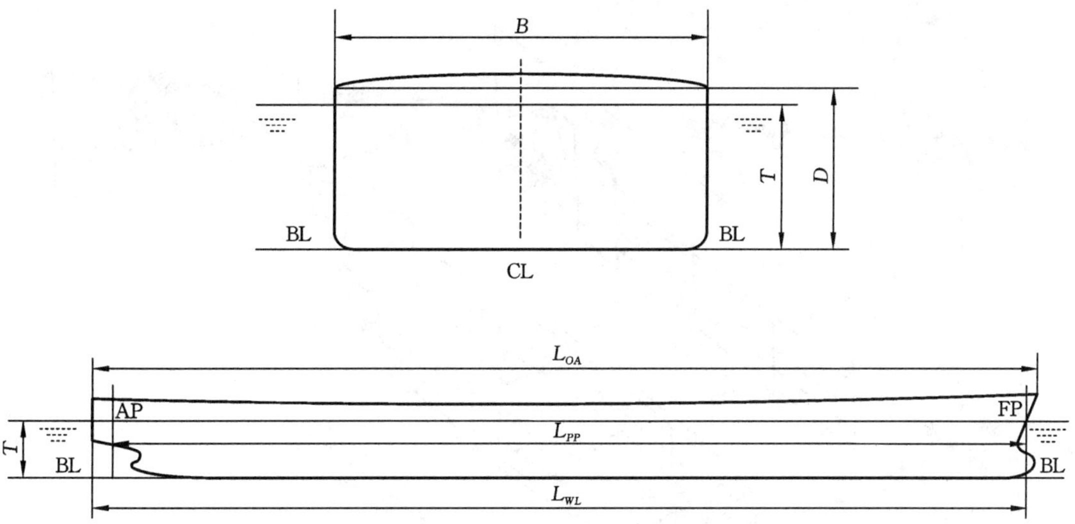

图 6-15 船舶的主尺度要素

方或下方沿船宽方向剖切后得到的视图,它展示了船体在某一横截面上的形状、尺寸和内部结构;半宽水线图是在船体中心线上绘制的,展示了船体在垂直方向上的宽度变化(即半宽)与水线的关系。它有助于了解船体在不同吃水状态下的宽度分布。绘制的一般过程如下:

① 选择剖切位置:确定合适的剖切位置,通常选择船体中心线或稍偏一侧的位置;

② 绘制基线:在图纸上绘制出对应的基线(格子线);

③ 绘制船体轮廓:根据船体设计数据,沿基线绘制出船体的轮廓线;

④ 标注尺寸与说明:在图纸上标注船体的主要尺寸、结构名称和必要的说明文字。

在完成绘制后将二维图纸导入三维建模软件中。根据型线图,在三维空间中绘制出船舶的基本框架。船舶型线对应平面及三维投影示意图如图 6-16 所示。

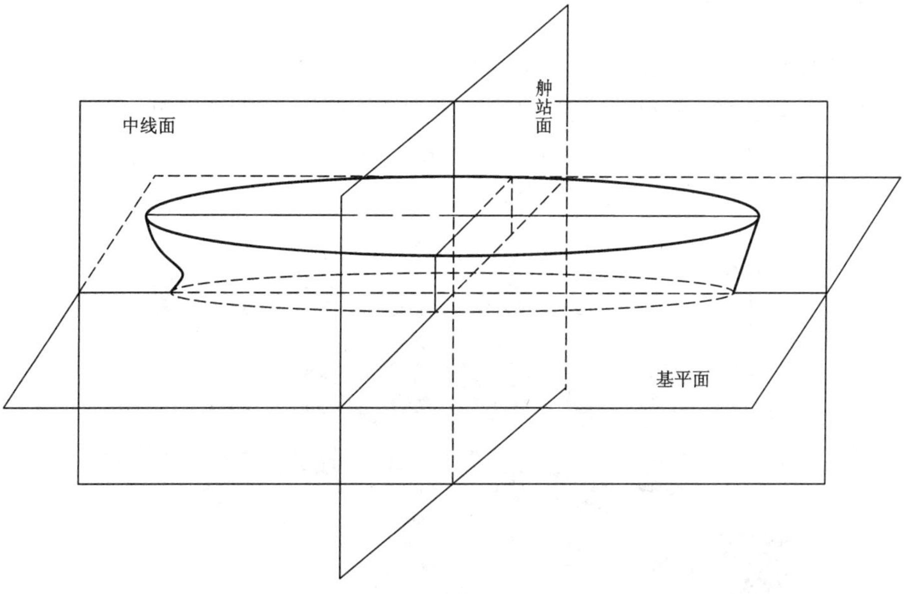

(a)

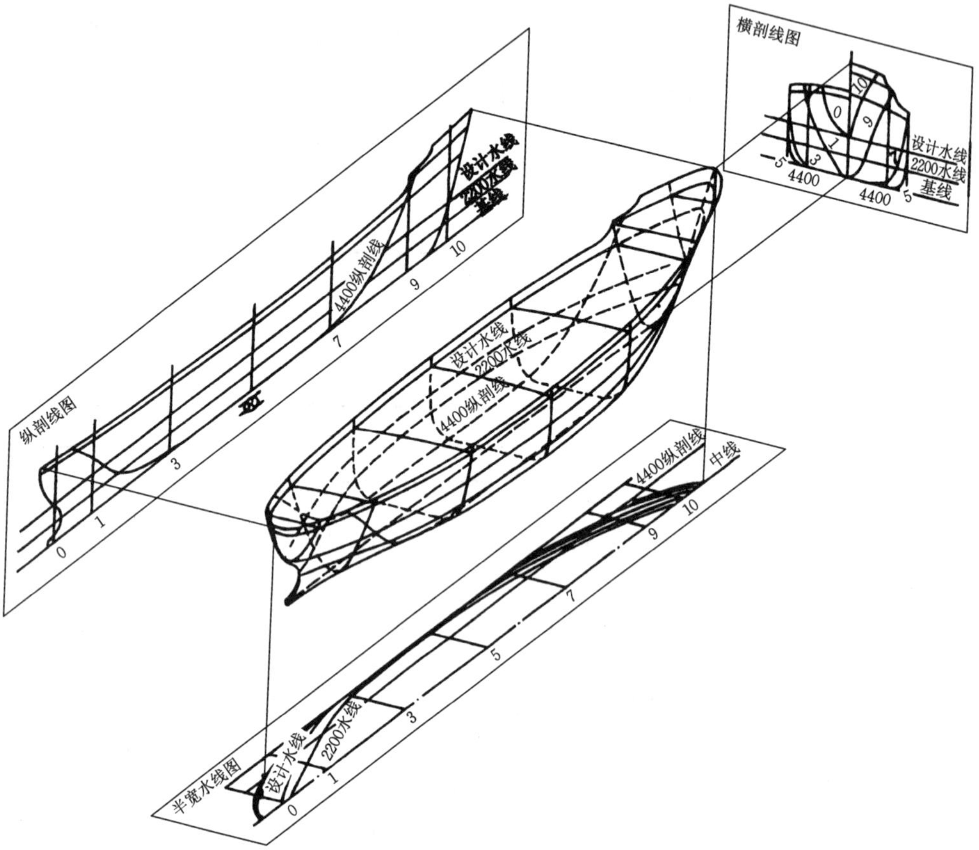

(b)

图 6-16　船舶型线对应平面及三维投影示意图

6.2.3　详细建模

在完成了船舶的基本框架后，下一步就要进行曲面的详细建模。

常见的曲面构建方式有很多，包括以边缘曲线建立曲面、以平面曲线建立曲面、放样、以网格线建立曲面、扫掠等。如图 6-17 所示，是 Rhinoceros 软件中的曲面建立方法，鼠标悬停在图标上，我们就可以看到该方法的简介。

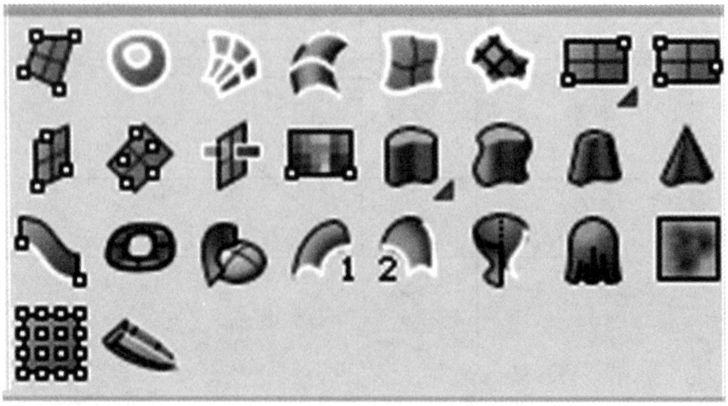

图 6-17　Rhinoceros 软件中多种多样的曲面建立方法

在进行船体的表面建模时，由于型线图的特点，其大部分表面曲线基本呈网格状分布，因此我们通常以网格线建立曲面的方法建立曲面。如图 6-18 所示，是一艘货船的型线图，可以看出在三维空间内具有明显的网格化特征。

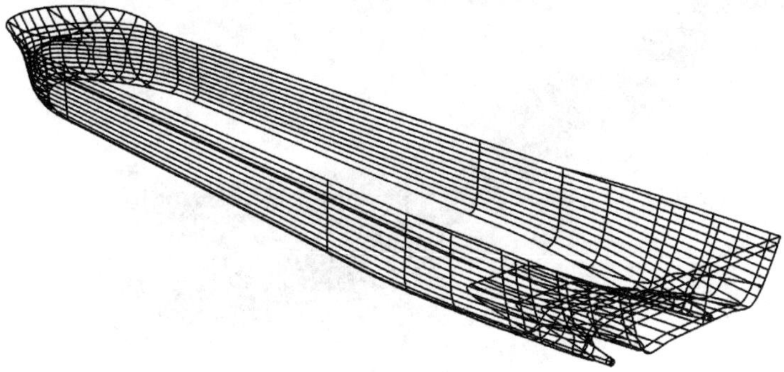

图 6-18　三维视角下的某货船型线框架

图 6-19 所示是三维视角下的不规则网格线以及以这些网格线作为构造线创造出的曲面。我们可以看到利用网格线构造曲面这一方法能够最大程度还原构造线的形状，同时能够更为准确地完成复杂三维曲面的建模。

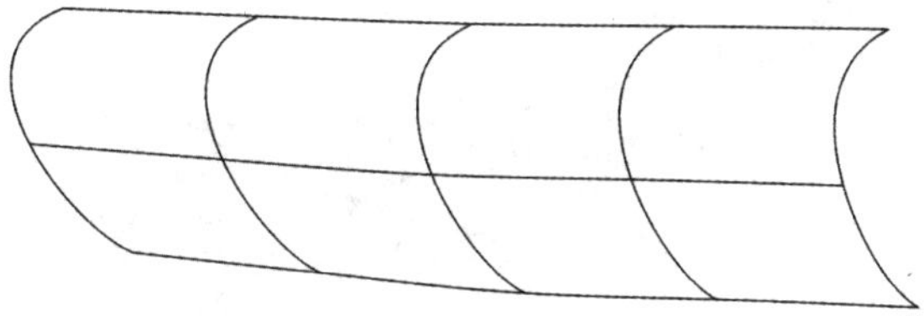

(a)

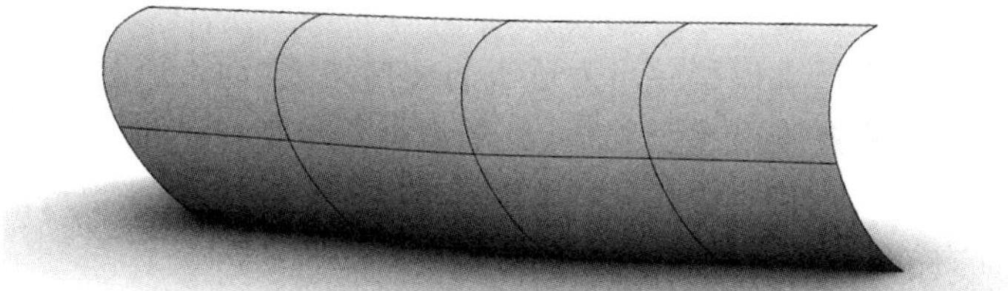

(b)

图 6-19　三维视角下的不规则网格线及其构造曲面

图 6-20 所示是采用三维型线框架及网格线建立曲面方式生成的船体表面，其光顺度和还原度都具有很高的水准。

6.2.4　模型检查与输出

在完成三维建模后要对三维模型进行全面检查，检查模型的几何精度、拓扑结构、光顺程度等是否合理，确保所有曲面都符合设计要求。

我们可以通过肉眼观察模型的表面，也可以通过显示斑马纹的方式检查模型的光顺度。如图 6-21 是船体球鼻艏位置的斑马纹，斑马纹的光顺程度能够直接反映模型的质量。模型的精度检查则需要进一步比较曲面与型线的贴合程度，以及最终的模型静水力数据与设计值的差异。

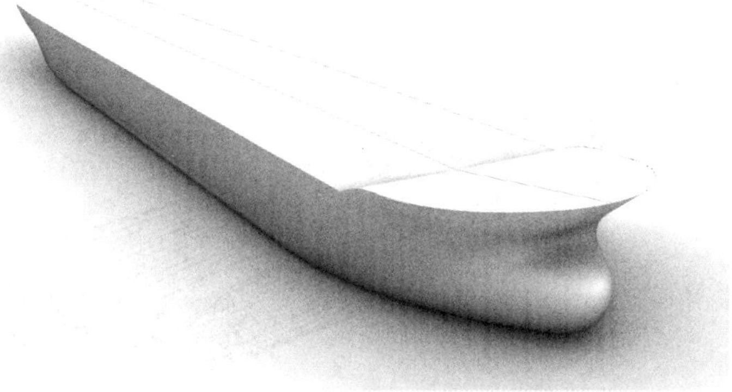

图 6-20　利用三维型线框及网格线建立曲面方式生成的船体表面

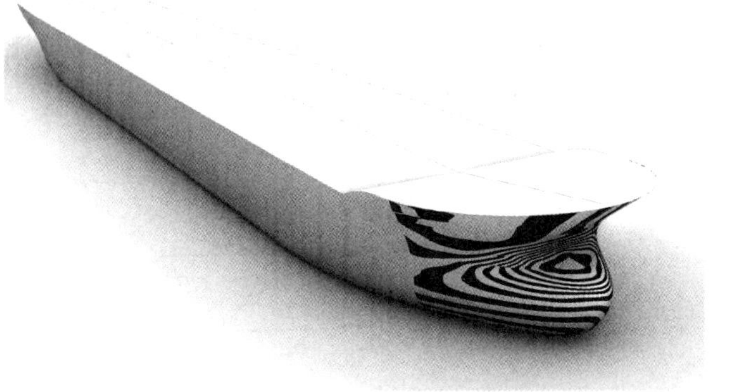

图 6-21　利用斑马纹检查球鼻艏的光顺度

模型检查合格后需要将三维模型导出为适当的文件格式(如 STL、IGES 等)，以便在其他软件中使用。可以根据需要进行模型缩放、旋转等操作以适应不同的应用场景。将三维模型用于船体设计评审、制造加工、仿真分析等多个环节。通过三维模型可以直观地展示船体的外观和结构特征，提高设计效率和准确性。

6.3　船体三维建模实例教程

本节以使用 Rhino 6.5 软件建立一艘双尾鳍散货船的过程为例，进行船舶造型三维设计与建模的演示，本节主要包括以下内容：Rhino 软件简介、型线的导入与偏移、曲面的建立、体的建立、模型精度验证。

6.3.1　Rhino 软件简介

Rhinoceros，简称 Rhino，是一款功能全面、高度灵活的三维建模软件，由 Robert McNeel & Associates 开发。它以 NURBS(非均匀有理 B 样条)技术为基础，为设计师和工程师提供了一个强大的工具,用于创建、编辑、分析和可视化复杂的三维模型。

Rhino 软件是一款在数字制造领域内以高精度建模、强大兼容性、操作灵活性及易用性著称的三维设计工具。它基于 NURBS 技术,能够创建、编辑和分析复杂的三维模型,满足从珠宝到飞机等不同规模和复杂度的设计需求。Rhino 的跨平台支持、直观的用户界面和丰富的插件生态系统,使其成为 3D 打印、数控加工、数字采集以及产品可视化等多个数字制造环节中不可或缺的工具。无论是在设计创意的实现、精确的工程分析还是高效的制造流程中,Rhino 都能提供强大的支持,帮助设计师和工程师将创新理念转化为现实产品。此外,Rhino 的 BIM 集成、环境和能源分析工具、高级渲染选项以及对数字制造的支持,使其成为建筑、工程和施工(AEC)行业的理想选择。它的教育资源丰富,拥有一个活跃的社区和大量的在线教程,适合所有水平的用户学习和使用。Rhino 的跨平台支持,包括 Windows 和 Mac OS X,以及其插件生态系统,进一步扩展了其功能,满足了特定行业的需求。无论是专业设计师、工程师、建筑师还是设计爱好者,Rhino 都是一个能够激发创造力、提高生产效率的理想工具。

图 6-22 所示为 Rhino 软件的基本操作页面。其中,1 号区域是该软件的操作及功能区,在这里我们可以通过点击对应的图标选择我们想要的基础点、线、面或者实体。2 号区域为该软件的工作平面,该区域给我们提供了一个可视化的窗口,四个框图分别为左视、俯视、前视以及三维视角四个方位的视图,我们也可以自行修改、调整每个框图显示的内容和视角。剩余的 3 号区域则是一些辅助工具及属性工具,例如物件锁点类型的选择,正交模式,以及物体图层的设置等,以帮助我们更快地进行操作和完成建模。

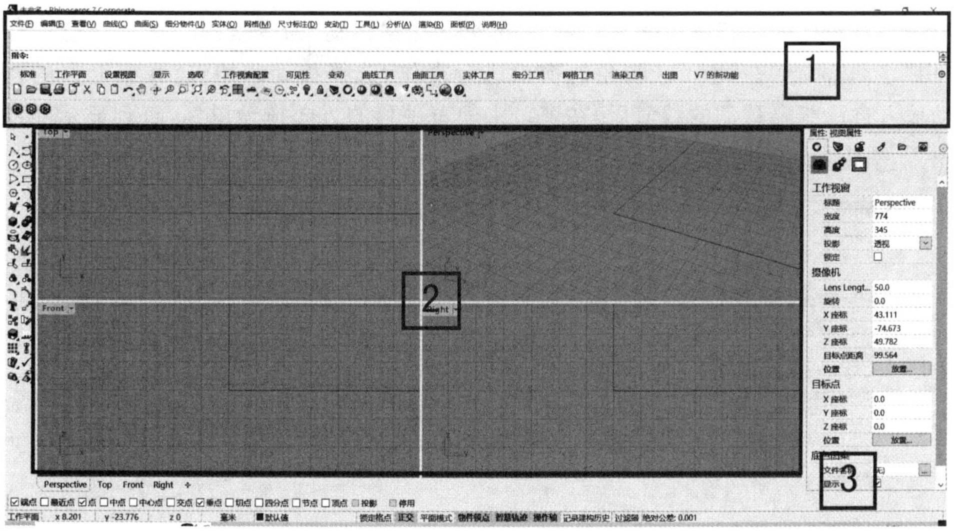

图 6-22　Rhino 软件的基本操作页面

6.3.2　型线的导入与偏移

在已有船体型线图 CAD 文件的情况下,我们直接从详细建模开始介绍,打开 Rhino 6.5,单击"文件"→"导入",选择文件夹中的 CAD 文件,导入到 Rhino 中,左上俯视视角(在 Rhino 中显示为"Top")的窗口显示如图 6-23 所示。图中的任意一条曲线都可以自由选择以及编辑,每一条曲线都是由 N 个点组成的 5 阶曲线。

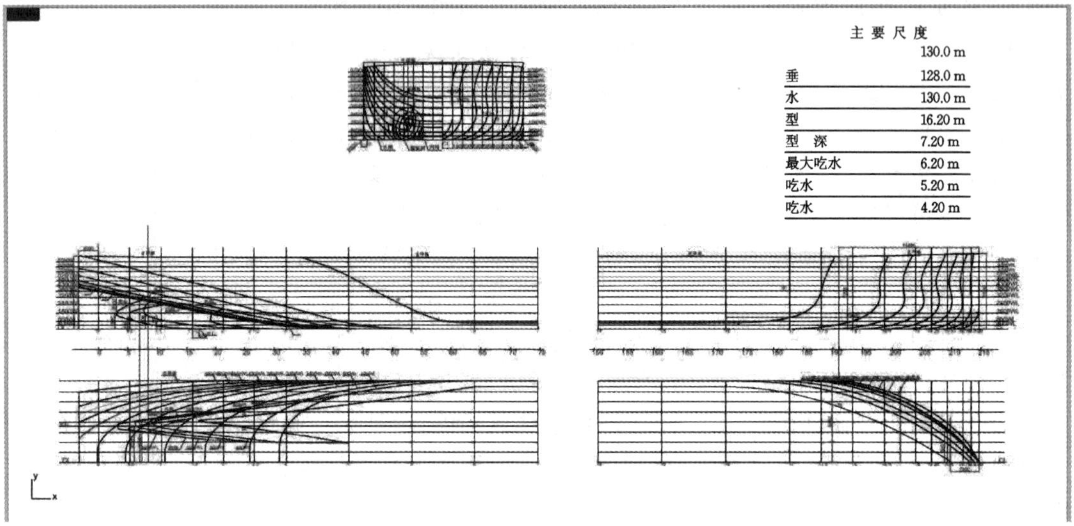

图 6-23 Rhino 中的型线图

我们需要将图中的曲线通过平移和旋转的手段，组成船体建模的基本线框，并且进行下列一切操作时务必要打开右下角的“正交”模式。习惯上，我们都将船长方向设置为与空间上的 x 轴一致，船宽方向设置为与 y 轴一致，高度方向设置为与 z 轴一致。x 轴是整个船体的对称轴，整个船体线框不会低于 $z=0$ 这个平面，根据需要可以将尾封板或者尾垂线的纵向坐标设置在原点上，整个船体方向指向 x 轴正方向。

第一步是对船舶水线进行平移，通过“变动”中的“移动”命令实现。选择任意一条吃水线，使用“移动”命令，在“Front”视角的窗口进行操作，选择移动起始点，在正上方的指令栏中手动输入自己想要移动的数值后，在窗口中朝着平移的方向拖动鼠标，直到显示曲线平移后的位置，单击鼠标即可完成水线平移。图 6-24 所示是水线全部移动完成后的样子。

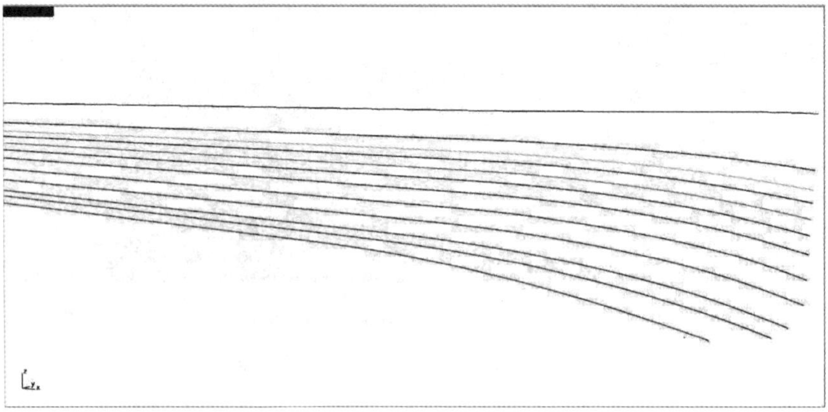

图 6-24 水线平移完成

第二步就是纵剖线和横剖线的旋转和平移。操作过程多了一个将曲线旋转的步骤。使用“变动”中的“旋转”命令后，选择对应横剖线及其旋转点，在指令栏中输入旋转角度为 90°，在“Front”视角的窗口进行操作，使其旋转到平面 $z=0$ 之上。然后重复上述操作，在“Right”视角中操作，使其在平移后能和水线垂直。最后通过移动到对应的位置上即可，纵剖线也可以用上述操作使其移动到线框上。而后半体也是用类似的操作搭建线框，图 6-25 所示是横剖线移动后的结果。

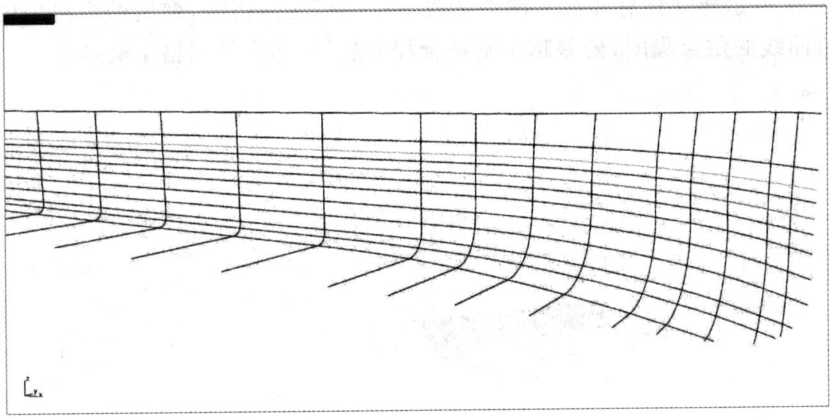

图 6-25 横剖线移动完成

第三步是平行中体的构建。对于这种肥大型船舶都有一个平行中体，由于平行中体比较规则，可以在型线图上适当省略，以中间断开的一部分表示。此时在确定平行中体长度的前提下，通过使用"曲线工具"中的"单一直线"，连接断开的水线即可。然后还需要使用"变动"中的"复制"命令复制平移平行中体两端的站线建立平行中体内部的站线。最后使用"曲线工具"中的"衔接命令"将断开的水线全部衔接起来。图 6-26 所示是全部构建好的船体线框。

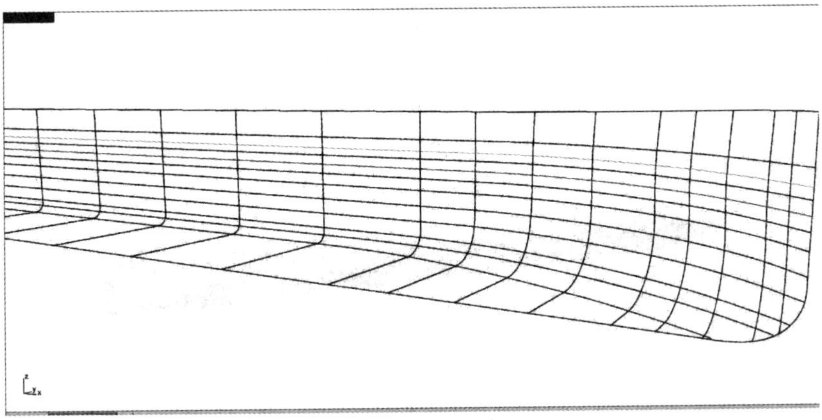

图 6-26 船体线框

6.3.3 曲面的建立

船体基本线框构建完成后，可以开始建立曲面了。建立曲面前，需要确定构成曲面的曲线要么相交要么平行，不能有任何在空间上既不相交也不平行的现象。在型线图足够精确的前提下，线框中的横剖线和站线是绝对相交的，满足构成曲面的基本要求。船体曲面对型值点的贴合具有足够严苛的要求，特别是对于 Rhino 这种非参数化建模软件来说。

因此"曲面工具"中"从网格线建立曲面"无疑是最合适的建立曲面的方式。这种方式要求选择边缘曲线和内部曲线。四条封闭的边缘曲线构成外部边缘，若干条内部曲线控制内部的凹凸形状。内部曲线两端必须在相对的边缘曲线上或者穿过边缘曲线，不能在相邻的边缘曲线的两端，并且两端都在相同边缘曲线的内部曲线绝对不能出现相交的情况。

如图 6-27 所示建立任意曲面。图中虚线是所选择的网格线，弹出的窗口中的公差表示曲面对网格曲线的贴合程度，公差越小则贴合程度越好，相应的网格也会越多。

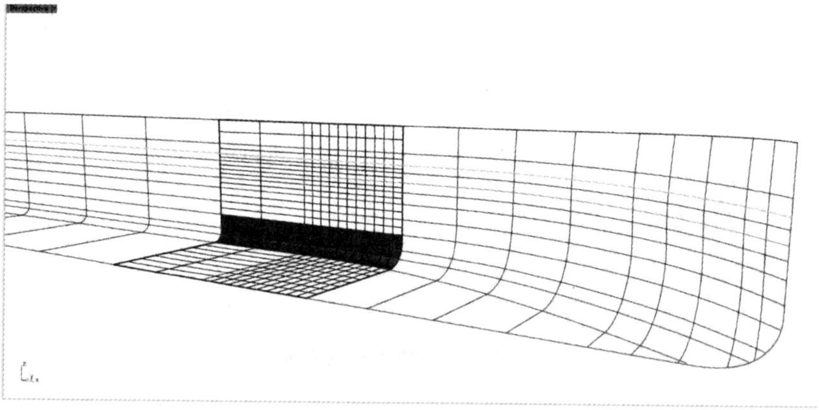

图 6-27　网格线建立曲面

根据不同的 CFD 计算软件，对模型的要求也不同，分别以 SHIPFLOW 和 STAR-CCM+为例。SHIPFLOW 要求模型是纯曲面构成，从船首到船尾按前后顺序划分曲面，而双尾船尾部更是要特殊处理，沿着双尾的对称线将后半体的曲面切开，最后建立的 SHIPFLOW 模型如图 6-28 所示。STAR-CCM+对模型要求较高，它只能计算完全无缝封闭的体模型，而不能直接计算曲面。

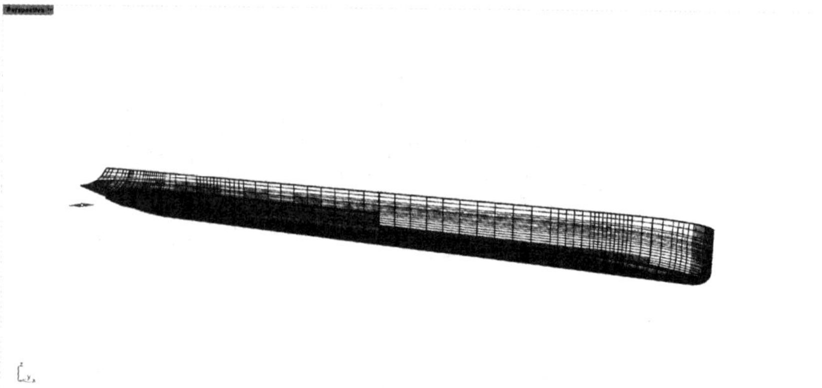

图 6-28　SHIPFLOW 船体曲面模型

6.3.4　体的建立

由于大部分的 CFD 软件不能直接使用曲面模型计算，必须使用体模型计算，因此需要将曲面模型建立成体模型。

此时需要将整个模型从半模转化成全模。通过使用“变动”中的“镜像”命令，按提示选择需要镜像的物体和对称轴再确定即可，而此处可以以中纵剖线为对称轴。然后给模型补上甲板面和尾封板，再封上尾轴出口处的面即可得到一个“无缝模型”的雏形，如图 6-29 所示。

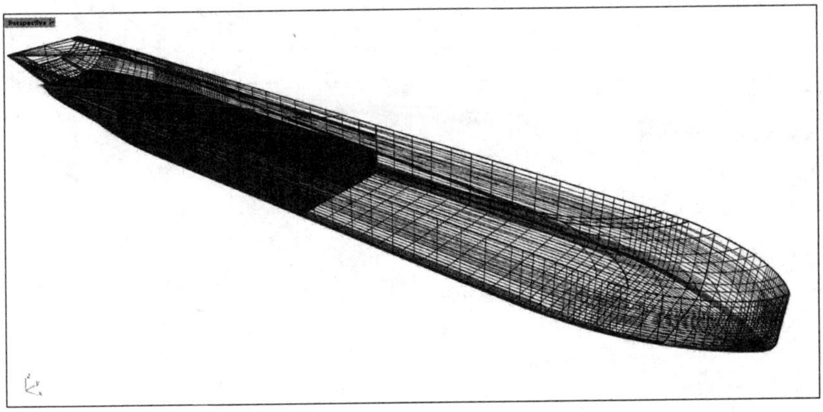

图 6-29 初步处理的全模模型

实际上由于软件本身和建模过程中存在的一些问题，我们建立的模型不能保证面和面之间是紧密相连的，中间必然存在着大大小小的缝隙。极小的缝隙可以使用“曲面工具”中的“曲面合并”即可。而一般缝隙都较大而不能直接合并，这个时候可以进行边缘组合。

第一步，框选整个全模模型，使用“标准”中的“组合”命令，处理一些比较简单的边缘。第二步，单击“曲面工具”中的“显示曲面”后，就会发现模型中曲面之间会出现较为明显的紫色边缘，它们是“外露边缘”，也可以理解为曲面之间的缝隙。第三步，使用“显示边缘”内的“组合边缘”命令，双击紫色边缘后会出现提示框显示组合边缘的公差，如果较小可以直接确定，如果较大则表示曲面之间的衔接程度较差，可能需要重新建模。全部合并完成后，框选整个模型，点击“实体工具”中的“分裂”命令，然后再框选全部模型，此时单击取消任意一个曲面，使用“组合”命令。最后全部框选，使用“实体工具”中的“自动建立实体”命令完成，实体模型如图 6-30 所示。

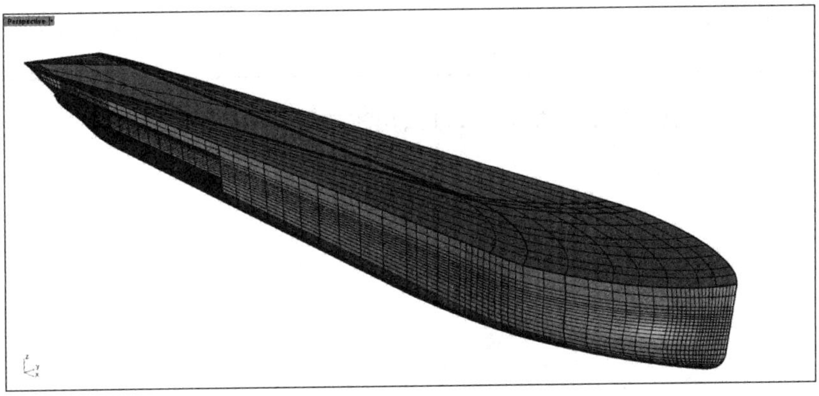

图 6-30 实体模型

6.3.5 模型精度验证

建造完成的模型需要经过精确度的验证才能拿来使用，其中最直接的方式就是通过构建各站的剖面线与原始横剖线作比对，来验证模型的精确性，如图 6-31 所示，虚线为型线，点线为模型剖面线。

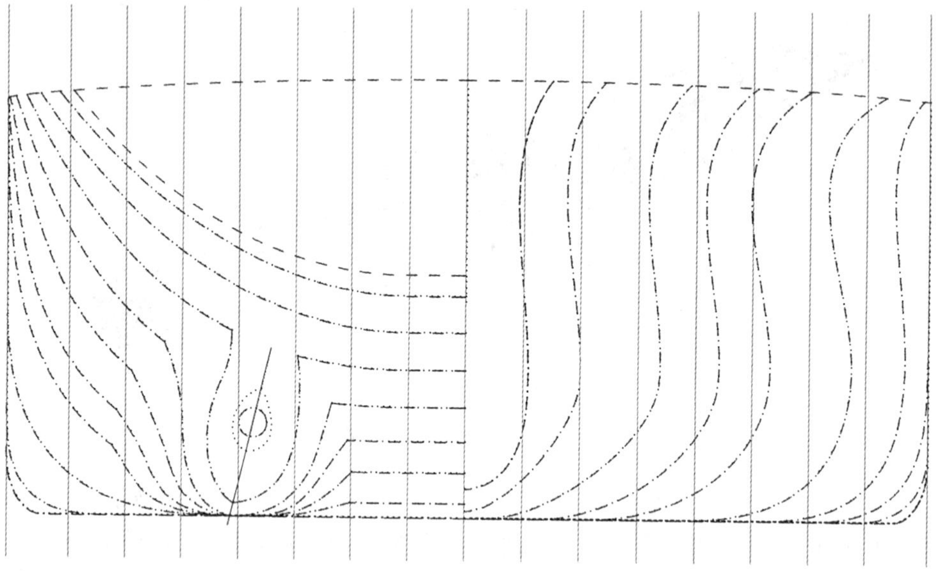

图 6-31 型线(虚线)与模型剖面线(点线)对比

除了型线比对,还需要测量模型的静水力数据来更加全面地反映模型的精确度,如表 6-1 所示。

表 6-1 模型静水力数据

吃水/m	排水体积/m³	湿表面积/m²	浮心纵向位置/m（以尾封板位置为原点）	方形系数
4.3	7 660	2 911.9	64.96	0.845
5.2	9 419	3 172.7	63.97	0.859
6.2	11 403	3 455.6	63.5	0.872

综上所述,该模型具有较高的精确度,可以用于实际计算。

参考文献

[1] 周宗仪.船舶防火材料[M].北京:国防工业出版社,1990.

[2] 席龙飞.船舶概论[M].北京:人民交通出版社,1991.

[3] 朱美琪,潘伟文,李树范.运输船舶设计特点[M].大连:大连海运学院出版社,1992.

[4] 袁修干,庄达民,张兴娟.人机工程计算机仿真[M].北京:北京航空航天大学出版社,2005.

[5] 远宏,刘筱睿.色彩与应用[M].上海:上海书店出版社,2006.

[6] 何灿群.产品设计人机工程学[M].北京:化学工业出版社,2006.

[7] 刁玉峰.船舶舾装工程[M].哈尔滨:哈尔滨工程大学出版社,2006.

[8] 于建中.船舶美学与内装设计[M].上海:上海交通大学出版社,2011.

[9] 杨文林.船舶美学[M].哈尔滨:哈尔滨工程大学出版社,2014.

[10] 郭超.基于新边锋主义运动意象的海洋工程船舶造型设计研究[D].武汉:华中科技大学,2014.

[11] 陈顺怀,汪敏,金雁.船舶设计原理[M].武汉:武汉理工大学出版社,2020.

[12] 陈根.决定成败的产品美学设计[M].北京:化学工业出版社,2017.

[13] 卢晓平,熊虎,张文山.海军舰艇设计和操作中的人因[M].北京:电子工业出版社,2017.

[14] 李泽厚.美的历程[M].北京:生活·读书·新知三联书店,2018.

[15] 曾颖.设计构成[M].长沙:湖南大学出版社,2020.

[16] 杨敏,王璟.船舶美学与舱室设计[M].北京:科学出版社,2021.

[17] Johnathan M.Ross.海军舰艇设计和操作中的人因[M].卢晓平,熊虎,张文山,译.北京:电子工业出版社,2017.